足跡

三淵嘉子は、父・武藤貞雄の赴任先である当時のイギリス領シンガポールに生まれた

子どもの頃、嘉子が暮らしていた麻布笄町付近（東京都港区）

この石段を降り切ったところに、嘉子が法律を学んだ明治大学専門部女子部があった（東京都千代田区）

現在の明治大学駿河台キャンパス。専門部女子部で学んだ後、嘉子は明治大学法学部で学び卒業した（東京都千代田区）

旧・司法省庁舎。戦後、嘉子は司法省に裁判官採用願を出した（東京都千代田区）

新潟市街地を望む。嘉子は、新潟家庭裁判所において女性初の裁判所長となった（新潟市中央区）

嘉子が裁判所長を務めた横浜家庭裁判所（横浜市中区）

三淵嘉子

日本法曹界に女性活躍の道を拓いた「トラママ」

青山 誠

角川文庫
24091

目次

第一章　母たちの時代

父母の出会い

半円形の窓に施された漆喰《しっくい》装飾やパステルカラーの家々がならぶ街並みに、南国の強い日差しが降り注ぐ。通りに軒をつらねる建物の大きく張り出した屋根は、アーチ状の柱で支えられ、それが日差しを避ける格好の通路として機能していた。

軒下にできた日陰の小径《こみち》を、つばのないイスラム帽を被《かぶ》ったマレー系の男性、鮮やかな色のサリーを身にまとったインド人女性、でっぷりと肥えた商店主風の中国人など、さまざまな人種が行き交う。

三淵嘉子《みぶちよしこ》が生まれてはじめて目にしたのは、おそらく、こんな感じの眺めだろうか。彼女は大正《たいしょう》3年（1914）11月13日にイギリス領シンガポールで生まれている。名前に使われている「嘉」の一字も、シンガポールの漢字表記「新嘉坡」に由来する。

熱帯の街での暮らしは、まだ赤ん坊だった嘉子の記憶に残っていないだろう。が、彼女の父母の意識には、この異文化体験が少なからぬ影響をもたらしたようだ。それは帰国後の子どもたちの教育にも影響する。

現在のシンガポール

嘉子の父・武藤貞雄《むとうさだお》は東京帝国大学法科卒業のエリート。彼が勤務する台湾《たいわん》銀行は大正元年（1912）にシンガポール出張所を開設し、そこへ転勤を命じられて新妻のノブを伴い赴任していた。

貞雄は四国・丸亀《まるがめ》の出身で、地元の名家・武藤家に入婿して一人娘のノブと結婚した。ノブもまた当主・武藤直言の実子ではない。彼女の実父は若くして亡くなり、6人の子沢山だった一家は生活に窮してしまう。そのため末っ子だった彼女は、伯父《おじ》の直言に養女として引き取られた。

直言には子どもがいない。自分と血の繋《つな》がるノブに婿を取らせて家を存続させる。最初からそれが養子縁組の目的だったのだろう。

武藤家は金融業などを営む資産家で、大きな屋敷をかまえていた。しかし、かなりの倹約家でもある。家のことを取り仕切る義母・駒子も質素倹約の家風をかたくなに守り、まだ幼かったノブにも容赦なくそれを叩《たた》き込んだ。便所紙を使いすぎるとか、些細《ささい》なことですぐに説教される。また、掃除や洗濯などの家事にもこき使われた。倹約家なだけに、広い家に見合うだけの女中を雇っていなかったのだろうか。

義母はかなり細かく几帳面《きちょうめん》な性格でもあり、一切の妥協を許さない。仕事に手抜かりがあればまた叱責《しっせき》される。ノブとは血縁のない赤の他人。血の通った母娘であれば、その受け取り方もまた違っただろうが。

義母の小言は、女中奉公にだされた先で女主人から叱られているよう。そこに愛を感じることはなかったようである。幼な子が親元を離れて暮らすのは辛《つら》い。それにくわえてこの仕打ち。恨んだこともあっただろう。

ノブは晩年になってから、子や孫たちによく自分の昔話をするようになる。そこに義母の話がでてくると必ず「性格のキツィ人」「厳しい人」といった表現が使われる。母と娘というよりは、嫁と姑《しゅうとめ》のような感じでもあり、長い年月が過ぎていたのだが、わだかまりは残っていたようだ。

それでも女学校には通わせてもらった。女学校卒の経歴は、それなりの階層においては結婚に有利な条件のひとつになる。義父母にはそんな思惑があったのだろう。もっとも、この時代はどこの家でも娘を女学校に通わせる目的はそれだった。

花の女学生、人生でいちばん楽しい時のはずなのだが……、あいかわらず義母は家事をあれこれと言いつけてくる。色々とやることが多過ぎて、友達と遊ぶ暇などはない。サボればまた義母から厳しく叱られる。常にその目を意識して、文句を言われぬよう細心の注意を払う。家の中では常に緊張を強いられてリラックスすることができなかった。

結婚するまで包丁も握ったことがない女性も多い現代とは違う。この時代はどこの家庭でも、母親は娘に家事を手伝わせて家事のスキルを身に付けさせようとする。また、家計を任される妻の責任を自覚させるために、質素倹約の精神を教え込む。

女の幸せは良縁に恵まれること。そして当時の男たちが求める理想の妻は、家事を万事そつなくこなして夫を献身的に支え、子どもの教育もしっかりとできる。いわゆる〝良妻賢母〟。それが女性のめざすべき姿だと信じられていた。

義母もまた、ノブを良妻賢母に育てることが自分の使命と思っていたのだろう。彼女の場合は少しやり過ぎの感はあるのだが。

明治《めいじ》時代末期、労働現場での男女の待遇格差は現代人の想像を絶するほどに激しかった。官僚や一流企業に勤めるには大卒の学歴は必須《ひっす》、しかし、東北大学等一部の例外を除きほとんどの大学が女子に門戸を閉ざしていた。

女性が安定した月給を得られる職といえば教師ぐらいしかないのだが、そこでも給与や待遇では不利を強いられる。

庶民階級の日雇い仕事では、男女の待遇格差がさらに大きくなる。『日本帝国統計年鑑』によれば、明治時代末期の工場労働者（紡績）の平均日給は男性が44銭で女性は28銭。その差は1・6倍にもなり、女性が月に25日働いて得られる収入は7円にしかならない。

明治36年（1903）にまとめられた労働事情の調査書『職工事情』によれば、世帯の平均支出は1ヵ月で11円88銭と記されている。男性労働者の賃金でも生活するのはぎりぎり、女工の収入で一家の家計を賄うのは不可能に近い。

女性が独力で生きるには、食住が提供される女中奉公か工場の寮に入るしかない。それも年齢が高くなると色々と難しくなってくる。つまり、男性の庇護《ひご》がなくては、まともな暮らしができないということ。だから女性たちは婚期を逃すことを恐れた。

年頃の娘をかかえた両親や親族もまた、血眼になって良縁を探し求める。家計に余裕があれば娘を女学校に通わせる。それが結婚に有利だから。女学校の教育目標は良妻賢母を育てることにあり、授業も料理や裁縫などがやたらと多い。高等教育機関である専門学校や大学への進学は、卒業後の進路として想定していない。在学中に縁談がまとまり、中途退学する娘も多かったという。

女学校を卒業すれば婿を取らせる。それはノブを養女に迎えた時から決めていたことだ。貞雄との結婚も養父母が決めたもので、彼女に拒否権はない。が、結果的にはそれが正解だった。

夫となった貞雄はエリートであることを鼻にかけることがなく、物腰の柔らかい好人物だった。高等学校からずっと東京での都会暮らしをしていたこともあり、服装はもちろん考え方も洗練されている。男尊女卑をあたり前のように考える田舎の男たちとは違う。何をするにもノブとよく話し合い、彼女の意見を無視するようなことはしなかった。

最良の夫と巡りあえたのは運だけではない。幼い頃から女中のようにこき使われ、女学生になってからも友達と遊ぶ暇も与えられず家事をこなしてきた。これも花嫁修業と思えば、他の娘たちに負けない厳しい修業に明け暮れてきたということになる。それは誰にも負けないという自負があった。

貞雄という最良の夫と結婚することができたのは、長年の努力が身を結んだ結果。この成功体験は、やがて生まれてくる自分の娘にも伝えてゆきたいと思うようになる。良妻賢母のスキルを磨いて良縁を得れば、幸福な未来が待っている、と。

ゴッド・シスター

結婚してすぐ、貞雄はシンガポール支店へ赴任することになった。外地への転勤が決まっていたから結婚を急いだのかもしれない。丸亀の街から外に出たことのなかったノブにとって、東京や大阪を飛びこしていきなりの外国暮らし……。戸惑いや不安は大きかっただろう。

当時のシンガポール領事館管区内には数千人の日本人が暮らしていた。東南アジアではフィリピンのダバオに次いで、最も日本人の移民や駐在員が多く住む地域であった。日本領事館付近のミドル・ロード沿いには、日本語の看板を掲げた商店や食堂、ホテルなどがならぶ日本人街が形成されていた。個人営業の商店主や職人など、この地で定住する日本人移民の多くはこの界隈《かいわい》に住んで「下町族」と呼ばれていた。

また、シンガポール港周辺のかつて倉庫街だったグダン地区は、この頃になると世界各国の海運会社や金融機関の建物がならぶオフィス街に発展していた。国際貿易港シンガポールを象徴する場所、そこでは日本企業のロゴが書かれた看板もよく目にする。企業の日本人駐在員の数も年々増えていた。

グダンのオフィスに勤務する企業駐在員たちは「グダン族」と呼ばれた。会社から住宅手当など手厚い補助があり、収入も保証されている。グダン族の大半は山の手の高台に広い一戸建てを借り、メイドを雇って暮らしていた。裸一貫で移住してきた下町族とは、住む場所も暮らしぶりもかなり違う。在留日本人の中でふたつの階層が存在していた。

貞雄はもちろん上位階層のグダン族。欧米人が多く住む高級住宅地の一戸建てに住んでいた。広いバルコニーを伝って流れてくる涼風、室内に敷き詰められた大理石の床がひんやりと心地よい。熱帯の上流階級の暮らしは、日本で夏を過ごすよりもよっぽど快適だ。出勤には運転手付きのクルマを使う。

貞雄を仕事に送りだした後、炊事や洗濯はメイドたちに任せて、ノブは庭の木陰に置かれたテーブルでお茶を飲みながらおしゃべりをして過ごす。日本では考えられないような優雅で贅沢《ぜいたく》な暮らしを楽しんでいた。

ここには厳しい義母はおらず、何をやっていても小言をいわれる心配がない。常に監視されているような窮屈な日々から解放されて、心は安らぎに満ちあふれ、周囲に目を向ける余裕も生まれた。異国での生活は見るもの聞くものすべて珍しく興味をそそられる。

ノブは明治25年(1892)生まれ。夫・貞雄に従ってシンガポールに移り住んだ頃はまだ若く、好奇心が旺盛《おうせい》で思考も柔軟だった。新たに見たものや体験したことが上書き修正されて、その考え方は変化してゆく。

シンガポールは日本人以外にも現地のマレー人や中国、インドからの移民、さらには、支配者のイギリス人をはじめ欧米各国からやってきた様々な国籍の人々が住んでいた。生まれ育った環境が違えば、服装や行動様式はかなり違ってくる。

当時の人々は現代人と比べて、日本食や日本製品への執着が強く、グダン族の駐在員一家もミドル・ロードの日本人街にはよく足を運んだ。ノブや貞雄もそうだった。「下町族」の領域である日本人街にもよく出かけた。

そこに住む日本人は、同じ日本人でありながら自分たちのようなグダン族とは違う生活習慣や思考を持っている……。この世に生きる人々には、様々な生き様や考え方があるものだ。あたり前のことなのだが。片田舎の暮らしでは、知り得なかったことだった。

外地での新婚生活でノブが知ったこと、そこから起きた心境の変化。それが、嘉子の教育やその将来にも大きくかかわることになる。

嘉子が2歳になった時、貞雄はニューヨークに転勤となり、彼女は母・ノブとともに丸亀の実家へ戻って父の帰国を待った。シンガポールから日本へ。嘉子もまた周辺環境の激変に困惑しただろうか。しかし、当時はまだあまりに幼く、丸亀での暮らしについて彼女はほとんど記憶していない。

大正時代に撮影された、シンガポール在留邦人の新年カルタ会（毎日新聞社提供）

大正9年（1920）になると、貞夫は4年間のニューヨーク勤務を終えて東京支社に戻ってきた。一家の東京での新生活が始まる。東京に引っ越してから間もなく、嘉子は家の近くにあった早蕨《さわらび》幼稚園に通うようになった。

当時は都会でも幼稚園に通う子どもの割合は5人にひとり程度以下だったという。早蕨幼稚園のあった場所は、現在の渋谷《しぶや》区神宮前《じんぐうまえ》5丁目付近、当時は「穏田《おんでん》」という地名で呼ばれていた。青山《あおやま》練兵場が近いこともあり、付近には高級軍人の邸宅が建ちならんでいた。

場所柄、園児には軍人の子弟も多かったようだが、その教育方針は個を抑圧して型にはめる軍人の教練とは対極にあった。幼稚園の創設者である久留島武彦《くるしまたけひこ》は、童謡『夕やけ小やけ』の作詞者として知られる児童文学者、また、児童心理研究の第一人者だった。

久留島は「強い個性を育《はぐく》む」「社会で生きるための協調性を身につけさせる」という「桃太郎《ももたろう》主義」と呼ばれる教育理念を提唱し、そのもとに園は運営されていた。

強い個性と協調性。相反するようなものにも思えるのだが、嘉子はそれを絶妙のバランスで使い分けて、女性が職業をもつことが難しい時代を生き抜いた。それも桃太

久留島武彦（国立国会図書館所蔵）

郎教育の成果なのだろうか。

『追想のひと三淵嘉子』(三淵嘉子さん追想文集刊行会)のなかで嘉子の実弟・武藤輝彦が姉について語っている。それによれば、

「弟共は「女性とは偉大でコワイモノ」、女尊思想に徹せざるを得ませんでした。すべて結婚まではオンナを知らないオトコになってしまいました。そして一生長女の特性=一種のワガママ? を貫く「ゴッド・シスター」でした」

と、語っている。嘉子の下には輝彦をはじめとして4人の弟がいたのだが、彼らにとって姉は、強烈な個性を主張しつづける傍若無人な暴君と映っていたようではある。

従来の常識や大方の意見に流されることなく、自分の信じた道を突き進む。そうでなければ「日本初の女性〇〇」となる偉業を成し遂げることはできない。しかし、個を強く主張すれば「わがまま」「空気が読めない」と疎まれるのは、現代の日本でもよくあることだ。だが、不思議なことに、嘉子は嫌われることがなかった。弟の「姉いじり」にも深い愛情のようなものを感じる。

家族以外の相手にも個を主張することはあったのだが、

「嘉子さんらしいなぁ」

と、それが好意的に受け止められる。彼女はその強い個性を世間と上手《うま》く協調させる術《すべ》を身につけていた。無意識に好き勝手な振る舞いをしているように見えて、これで意外と周囲の人々の反応をよく見ている。相手の許容範囲を測りながら、押したり引いたり。やり過ぎたと思えばフォローも忘れない。愛されキャラの暴君。豊臣秀吉《とよとみひでよし》みたいな感じだろうか。


弟たちには暴君であった嘉子なのだが、父母に対する態度はちょっと違う。逆らわない、逆らえない。戦前の家庭で親の権力は絶対だ。しかし、幸いなことに父や母は嘉子のような暴君ではない。頭ごなしに自分の意思を押しつけて、子どもたちの個性を抑圧するようなことはしなかった。

アメリカでの生活を経験した貞雄は、もともと持っていた自由主義的思考がさらに強くなっている。女性の自己主張を毛嫌いする日本社会には疑問を抱いていた。だから、娘の言動をむしろ面白がっているようなところがある。嘉子の最大の理解者であり、心強い応援団だった。

母親のノブにはそこまでの確信はなかった。やりたいことをやらせてあげたい。そう思う反面、このままで娘は本当に大丈夫だろうか？　と、不安にもなる。心境は複雑だった。また、昔から教え込まれてきた固定観念がいまだ強く残り、女が幸福を得る手段は良縁に恵まれることしかないと思い、これを否定することができない。

女が良縁に恵まれるには、個を主張しないほうがいい。一歩身を引いて夫に従う良妻賢母であること。最愛の娘がそれと正反対の道に突っ走っていたのだから、それは心配にもなってくる。


このままでは困る。が、自身が義母に監視されつづけて抑圧された日々のことを思うと、嘉子にはそんな苦しさを味わわせたくはない。シンガポールでの自由な生活を知らなければ、いまもそれが普通と信じて、娘の行動をすべてワガママだと抑えつけて口うるさく説教していたかもしれないのだが。

しかし、娘の世代には自分と違った価値観がある。それを知ってしまったがゆえのジレンマ……。娘の行く末を不安視しながらも、よほどのことがない限り干渉することは避けていた。

そんな両親のもとで育まれ、嘉子は自由にのびのびと成長していった。

最良の教育環境で強い個性が育まれる

大正10年（1921）、嘉子は青山師範学校附属小学校に入学している。

東京府は教員不足解消を目的に東京府師範学校を男女に分離して拡大することを決定。明治33年（1900）に男子部を赤坂見附《あかさかみつけ》と渋谷を結ぶ丘陵の尾根道沿いの地へ移転させ、その8年後青山師範学校と改称した。

田畑に囲まれた閑静な地に約1万2000坪の広大な敷地が確保され、土地買収と校舎建築に費やした予算は合計28万6000円。当時としては最上級の設備を誇っていた。併設された附属小学校もまた同様、他の小学校に比べてかなり立派な校舎が建てられていたという。

師範学校の附属小学校は先進教育の実験場でもある。この小学校でも1年生と3年生を同じクラスで学ばせる学級編成をするなど、様々な試みがおこなわれていた。また、他の小学校と比べて若くて情熱的な教師が多く、上から命じられずとも積極的に先進教育を実践しようとする。学校全体に進取の気風があふれていた。

大正時代になると、教師の講義や教科書の内容をひたすら暗記するだけの教育方法には疑問の声があがるようになる。この小学校ではすでにそれを先取りして実践していた。子どもたちに自分の目で見させ考えさせて想像力を養わせようと、課外授業や課外実習をよくおこなっていたという。

幼稚園や小学校で受けた教育が、嘉子に大きな影響を及ぼしていることは間違いない。もしも貞雄の帰国のタイミングが遅れて、嘉子が四国の片田舎に住みつづけていたらどうなっていただろうか？　教師の言うことをひたすら暗記するだけの授業を受けつづける旧態依然のやり方では、子どもたちの考える力は損なわれる。彼女がもう少し型にはまった人間になっていた可能性はある。

一家が引っ越してきた頃の東京では、人々が「自由」「民主主義」といった言葉に浮かれていた。街のあちこちで普通選挙の実現を求める政治批判の集会が開かれ、工場では待遇改善を求めるストライキが相次いでいた。職場には女性の姿が増えて「職業婦人」という言葉がよく聞かれる。男女平等を訴える女性活動家たちが、精力的に活動するようにもなっていた。

この状況がつづけば、やがては明治時代の悪しき因習は取り払われるだろう。女だ

大正デモクラシーの象徴、「普通選挙」要求デモの先頭に立つ尾崎行雄
（毎日新聞社提供）

からという理由で、職業選択の自由を奪われるような不利益をこうむることもなくなる。皆が平等で民主的な社会が実現される……。そんな社会がそう遠くない未来に実現されるはずだと、世の期待は高まっていたのだが。

しかし、その熱気は10年余りで急速に冷めてしまう。大正12年（1923）に関東《かんとう》大震災《だいしんさい》が起きると、第一次世界大戦の戦後不況に見舞われていた日本の経済状況はさらなる痛手を被った。誰もが不景気を実感するようになり、もはや、民主主義だ、男女平等だと浮かれているわけにはいかなくなる。大多数の人々にとっては、そんなことよりも自分たちの生活が気にかかる。

震災発生当時、嘉子は小学校3年生だった。この年齢なら当時の状況を記憶していたはずだが、彼女がそれについて何かを語ったことはない。生活圏である山の手地域では、下町のような大火災は発生しておらず被害はほとんどなかった。それだけに後の戦災の時のような悲惨な光景を目にすることもなく、印象が薄かったのだろう。

だが、震災を契機に急変していった世の風潮は感じていたはずだ。集会やデモは減ってゆき、たまにデモを見かけても人々が訴えるのは生活のことばかり。街中で自由や民主主義という言葉が聞かれる頻度が減ってきた。

大正デモクラシーの盛りあがりと終焉《しゅうえん》をその目で見ている。そのことが、彼女のその後の生き様に影響を及ぼしたのかもしれない。世を変えるための凄《すさ》まじい熱量、それを長く保つのは難しい。しかし、熱を維持してやりつづけなければ、世を変えることはできないということを。

第二章　「一流の花嫁切符」を捨てて

「女子高等師範」のブランド

昭和2年（1927）4月、嘉子は東京女子高等師範学校の附属高等女学校（現・お茶の水女子大学附属高等学校）に入学している。

東京女子高等師範学校は、お茶の水女子大学の前身。高等師範学校は現在の大学教育学部に相当するものだが、戦前は男女共学にはなっていなかった。男子が通う高等師範学校とは別に、この東京女子高等師範学校と奈良女子高等師範学校（現・奈良女子大学）、広島女子高等師範学校の3校が設立されていた。戦前の日本では、女子を受け入れる数少ない高等教育機関である。

なかでも東京女子高等師範学校は、明治8年（1875）に開校した日本初の女子師範学校の流れを汲《く》む女子の最高学府として世間にその名を知られていた。開校当初には本校への進学を目的とした基礎教育をおこなう予科を設置していたが、明治15年（1882）にこれを改組した附属高等女学校を開校。女子の最高学府、その附属女学校というブランド力は絶大で、女学校進学をめざす多くの娘たちが憧《あこが》れる存在となっていた。

現在のお茶の水女子大学（東京都文京区）

それだけに受験の際には志願者が殺到した。嘉子が入学した昭和2年度は、41名の入学者に対して志願者数は801名。競争率は約20倍にもなっていた。しかも、受験生はみんな小学校では学内で一、二を争うような秀才ばかり、狭き門である。

この女学校の生徒になれたなら、世間から頭脳明晰《めいせき》な才女と認められる。家事をそつなくこなし、家を守るのは妻の務めなのだが。社会的地位が高い者の妻ともなれば、社交的な場にでることも多くなるから、夫に恥をかかせない高い見識や教養を身に付けておく必要があった。最難関の女学校を卒業した娘なら、それについては心配ない。世間はそう見る。良家の嫁にはもってこいだ、と。

実際、縁談を持ちかける時には、

「お相手の娘さんは、女子高等師範の附属女学校を卒業しているんですよ」

紹介者は必ずそれを強調してくる。聞いた相手も、

「ああ、それなら間違いない」

と、乗り気になって話はとんとん拍子に進んでゆく。

最難関の女学校をめざして猛勉強に明け暮れるのは、結婚の条件を有利にするため。この女学校の卒業証書は「一流の花嫁切符」とも呼ばれていた。

名門女学校で学ぶ才媛のお嬢様なのだが……

東京女子高等師範学校と附属高等女学校は関東大震災で校舎が焼失したのを機に、数度場所を移り、御茶ノ水から小石川区《こいしかわく》大塚町《おおつかまち》に移転した。現在、その場所はお茶の水女子大学と大学の附属高校にそのまま継承されている。

湯島3丁目にあった仮校舎の時は、女学校の正門を入り石段の脇にあるスロープを上ると、3棟の本校校舎が一列に並んで建っていた。その左隣には特別教室棟、講堂などの建物が隙間なくならぶ。女子の最高学府というわりには附属女学校のほうは粗末な木造校舎が多く、また、附属小学校や幼稚園なども同居しているために敷地は手狭で少し窮屈な感じがする。それでも、この学校に通っていることは、本人はもちろん、家族や親類縁者にとっても誇らしく、隣近所には自慢のタネにもなる。

嘉子も合格通知をもらった時には小躍りして喜び、その制服を着て街を歩くことが誇らしかった。毎日、学校に通うのが楽しくてしょうがない。そんな彼女の学園生活はどんなだったか？　見てみよう。

校庭の片隅にはクローバーが繁る小高い丘があった。放課後や昼休みにクラスメートが集まり、思い思いのひと時を過ごす憩いの場。生徒たちの間では「センチが丘」と呼ばれ、静かに文学のことや人生について語りあう。それには似合いの雰囲気があったという。

才女の集まる難関校だけに、思慮深げな文学少女が多かったようだ。が、そんな校風のなかで、嘉子は少し異彩を放つキャラクター。大きな声でよく笑い、センチが丘の静寂をかき乱すこともしばしば。宝塚《たからづか》少女歌劇の大ファン、男優の真似をして即興劇を演じ、豊かな声量で歌を披露することもあったという。

休み時間だけではない。体育の授業でも自分で振り付けを考え、クラスの仲間たちを先導して創作ダンスを踊ったことがある。また、1年生の時に卒業生を送る謝恩会の劇では主役を演じ、それが学内で大評判に。上級生たちの間でも名を知られる存在になっていた。何かをやる時は、いつも彼女が率先して動きその中心で活躍した。

「お声が澄んでいてセリフがよく通り、また、歌もお上手でした」

学友が証言する。現代でも女子校では、女同士の疑似恋愛で同級生や先輩に恋焦がれたりするものだが、男女交際に厳しくチャンスのほとんどない当時には、その傾向がもっと強かったかもしれない。目立つクラスのリーダーでかなり男前な性格だった

大正6年（1917）の東京女子高等師範学校と附属高等女学校の卒業式
（毎日新聞社提供）

嘉子も、きっと同級生や後輩にモテたことだろう。

お転婆ではあるが、学業成績のほうも飛び抜けて優秀。才女が集まる学校のなかで、こちらでも目立つ存在だった。なかでも数学は大の得意科目だったという。何事も白黒をはっきりつけたがる性分、正解と不正解がはっきりとした科目のほうがしっくりとくるようだった。

積極的で人見知りをしない、コミュニケーション能力も高い。当然、友人は多くなる。友人たちとは仲良く語らうだけではなく、口喧嘩《くちげんか》もよくしたという。正義感がやたらと強いうえに、数学の解答と同じで何事においても白黒をはっきりとつけたがる。自分が納得できないことには、テキトーな相槌《あいづち》を打ってお茶を濁すようなことはしない。とことん相手を追及してしまうことがよくあり、その結果、つい口調が激しくなって口論に発展してしまう。

頭の回転が早く口がよくまわる嘉子なだけに、口喧嘩では誰にも負けない。弟たちが恐怖するゴッド・シスターは、学校でも無敵だった。しかし、言い負かされても彼女を憎むような者はいなかった。決着がつくと嘉子はすぐ笑顔になって、ふだんと変わらぬ態度で接してくるものだから、

「あれ？　なぜ私たちは喧嘩していたのだろう」

と、相手もそのペースに乗せられて笑顔になってしまう。

いまも昔も、日本人は欧米人と比較して人と争うことを避ける傾向が強いと言われる。言い争いになりそうな時は口をつぐむ、また、その話題に触れぬよう話題を変える。我慢ができずに一度やりあってしまえば、その後、関係を修復することができず、シコリが残りつづけることになる。仲直りが下手くそな民族、それを知っているから争いにならぬよう感情を抑えて言いたいことを我慢してしまう。

それが普通なのだ。が、嘉子はこのあたりの感覚が日本人離れしていた。「それはそれ、あれはあれ」と、論争とその他のことを分けて考えていたようである。また、口喧嘩も歌やダンスと同じで、友人たちと一緒に楽しむレクリエーションのひとつと思っていたふしもある。

この頃、嘉子たち一家は麻布笄町《あざぶこうがいちょう》に住んでいた。青山霊園の南方、現在の南青山や西麻布のあたり。江戸《えど》時代は大名屋敷や身分の高い旗本たちの居住区で、維新後も富裕層が多く住んでいた。笄川が流れる低地から高台に向かってつづく坂に沿って、通り広い庭のある家々が建ちならぶ。木々の枝葉が風にそよぐ音が聞こえるほどに、は静寂につつまれていた。隙間なく長屋が密集する喧騒《けんそう》の下町エリアとは、同じ東京市中でも街の景観や雰囲気がまったく違う。

昭和初期に発行された『火災保険特殊地図』を見ると「武藤貞雄」の名が記された家が「笄町157」の地番にみつかる。玄関は市電の軌道が走る通りに面しており、「笄町」の停車場とは目と鼻の先。隣近所の家と比べて家屋が2〜3倍ほど大きく描かれている。また、庭もゆったりと広い。この高級住宅地でもひときわ立派な屋敷だったことが、当時の詳細地図から見て取ることができる。

昭和9年（1934）の『東京紳士録』に貞雄の名前がみつかる。その肩書きは石原産業海運顧問。また、昭和13年（1938）の『日本紳士録』は日本防災工業株式会社社長、さらに昭和火工株式会社専務を兼任となっている。台湾銀行を辞めて幾度かの転職を経験していたが、そのたびにいい役職について待遇が良くなってゆく。

嘉子が女学校に入学した昭和2年（1927）には、台湾銀行をメインバンクにしていた総合商社の鈴木《すずき》商店が第一次世界大戦後の不景気によって倒産してしまう。これによって大量の不良債権をかかえた台湾銀行も休業に追い込まれ、それが同年に発生した金融恐慌の一因になった。銀行が潰《つぶ》れるのではないかと、不安にかられた人々

昭和10年（1935）撮影の台湾銀行・東京支店（毎日新聞社提供）

が窓口に殺到する取り付け騒ぎが起きて街は騒然となっていた。

台湾銀行のほうは、後に資本を整理して業務を再開することができた。が、その前にさっさと見切りをつけて転職した者も多い。貞雄は東京帝国大学卒の超エリート、また、海外勤務が長く英語に堪能《たんのう》だった。不景気の時代とはいえ、有能な人材は引く手あまた。好条件でヘッドハンティングされる。笄町の屋敷は借家だったが、

「ここの家賃の半年分で、立派な持ち家が建つ」

知人たちはそう言って羨望《せんぼう》したという。それだけの家賃を払える余裕が彼にはあったようである。

嘉子は女学校の友人たちをよく自宅に招いたという。家は広いし、すぐ近くに市電の停車場があって交通の便も良い。放課後の溜《た》まり場には最適の条件だった。女学校のある大塚方面からは、四谷塩町《よつやしおちょう》で7系統の市電に乗り換える。車窓に陸軍第三連隊の駐屯地や青山墓地を眺めながら友人たちとおしゃべりしていれば、すぐに笄町の停車場に着く。

沿線には学校が多く、放課後の時間帯には制服姿の女学生たちで車内も混雑していたことだろう。

嘉子の家があった付近（東京都港区）

関東大震災後は洋服を着用する人が急速に増えて、洋装の制服を制定する女学校も急増するようになる。昭和時代に入ると東京府下では、ほとんどの女学校が制服を採用するようになり、女学生のスタイルも明治時代の和服姿の袴《はかま》にブーツから、セーラー服に様変わりしていた。

騒がしい車内でも嘉子のはつらつとした声はよく聞こえ、彼女たちのグループは目立つ。その制服も他校の女学生たちからは注目された。

東京女子高等師範学校附属高等女学校はジャンパースカートなど複数の標準服を制定している。そこから個々の好みにあわせて服を選ぶことができたという。他の女学校に比べると選択の幅が広く、生徒の個性を尊重していたようだ。

現代の高等学校でも、偏差値の高い学校になるほど校則はゆるく、私服登校を認めるなど生徒たちの自由を尊重する傾向にある。些細なことをいちいち言わずとも解っているはずだ、と。生徒たちの良識を信じているのだろうか。昔もまたそうだったのだろうか？　この頃になると高等女学校の進学率は15パーセントにもなり、都市部ではさらに高く20パーセントを超えていたといわれる。明治期と比べると〝女学生〟の希少価値は低下していた。しかし、嘉子が通う附属高女は別格。日本に数ある女学校のなかでも最難関、才色兼備の娘たちが通う学校として羨望される。

友人たちを連れて家に帰ってくると、ノブは笑顔で茶の間に迎え入れる。

「お腹空《す》いているでしょう?」

そう言って、すき焼きなど豪華な食事をふるまうこともよくあったという。良妻賢母を絵に描いたような人物。優しく子どもたちに接するが、しつけには少し厳しい。と、これが同級生たちの見た当時のノブの印象だった。また、これについては嘉子の一人息子である芳武も、

「祖母は行儀についてはうるさい人だった」

このように証言している。ふだんはとても優しい母なのが、たまに叱られた時には怖く厳しかったという。自分の義母を反面教師に、ノブは嘉子への干渉を抑えていたのだが、娘の言動が目に余ることもしばしば……。つい、きつい説教をしてしまったのだろう。

ノブが心配するような、嘉子のお転婆ぶりを物語るエピソードは数知れず。そのひ

とつにこんな話がある。

とある日のこと、東京の街に珍しく雪が積もった。お使いを頼まれた嘉子は乃木坂《のぎざか》をスキーで滑走しながら商店に向かったという。偶然にでくわした警察官がそれを見て驚き、

「やめろ！　聞こえんのか、止まれ！」

と、静止しようと大声で叫ぶ。かなりスピードが出て危ない状態だったようである。坂の下で止まったところで警官がやっと追いつく。捕まえて説教してやろうと、雨ガッパの帽子を摑《つか》んでその顔を見れば、

「え！　お前、女だったのか！」

警官はさらに驚いた。まさか女性が、こんな危ないことをするとは思っていなかったようである。説教されてその場は許されたというのだが、こんな感じだからノブも気が気ではない。結婚前の娘が傷物にでもなったら大変だ。嘉子を無事に嫁に出すことが、自分に課せられた使命のように思っていたのだから。

それでも、この頃のノブにはまだ余裕があった。時々、手綱を締める程度にして、学生時代はのびのびと楽しく過ごさせてやろう。そう思っていた。

最難関の女学校に入学して「一流の花嫁切符」を手にしているのだから、これには

少々のお転婆や気の強い性格を包み隠すだけの効力がある。無事に卒業さえすることができれば、良縁が次々に舞い込んでくるはずだ、と。そんな母の思惑が、ガラガラと崩壊する事態が間もなく起こる。

父の期待と、母の葛藤

「嘉子が男だったら良かったのに」

それがノブの口癖だった。親の身びいきを抜きにしても、頭の回転が早く賢い娘だと思う。歌や踊り、絵画など何をやらせても上手で多彩ぶりを発揮する。

男に生まれていれば、それなりの地位に就けるはず。自分の心配や苦労もかなり軽減されたと思う。

また、嘉子は自我が強くて気も強い。自分が納得しないことには、誰が言っても聞かず絶対に従わない。一歩下がって夫を立てるなんてことができる性格ではない。むしろ、一家の主人になったほうがしっくりときそうだ。

それは解ってはいるのだが。「女性の幸福は良縁に恵まれること」「男たちが理想とする良妻賢母をめざすべき」という呪縛《じゅばく》にノブは囚《とら》われつづけていた。嘉子の資質を察しながらも、その可能性に目を塞《ふさ》いでいた。

一方、貞雄はあいかわらずの放任主義。やりたいことをやらせて一切口を挟まない。また、彼はインテリの知識人なだけに世の動向にも詳しく、女性をとりまく状況が変わりつつあることを感じ取っていた。

明治時代は16～17歳で結婚しても普通だった。女学校の最上級生になれば縁談話が次々に持ち込まれたものだったが、大正時代にはそれが18～20歳に。この頃になると20歳を超してから結婚する女性も珍しくなかった。

東京のような都市部だとその傾向がさらに顕著だった。昭和初期の平均初婚年齢は女性が23・1歳。数字だけ見ると戦後の昭和30年代と変わらない。女学校の卒業が近くなれば、親や親戚《しんせき》たちが焦って婿探しに奔走した明治の頃とは違う。

卒業後は丸の内《まるうち》あたりの会社に就職して職業婦人になるか、家で花嫁修業をしながら良縁を待つか。あるいは、女子大学や専門学校に進学するなど、晩婚化によって娘たちの選択肢は広がっていた。

嘉子も女学校卒業後は、どこかに進学しようと考えている。このまま花嫁修業をしながら家に籠《こも》るというのは性にあわない。しかし、何を学べばいいのか、それについての答えがみつからない。

女子の最高学府である東京女子高等師範学校も、その附属女学校に通う彼女ならば容易に内部進学ができるだろう。子育ては良妻賢母の必須《ひっす》条件だが、高等師範で学んだ女性ならばそれは完璧《かんぺき》と、女の価値はさらに上がる。一流の花嫁切符にはさらに箔がついて、良い条件の見合い話が次々と舞い込んでくるはずだ。また、他の女子大学に入って文学や美術を学ぶのもいい。お茶やお花と同じで、当時は女性が文学や美術を学ぶのも花嫁修業の一環のように世間では思われていた。

しかし、嘉子にはそのどれもピンとこない。この時は彼女もまた固定観念に縛られていた。女が大学で何を学んだところで、結婚すれば専業主婦となりそれを活《い》かすことはできない。そう考えるとすべてが無意味なものに思えてくる。進むべき道が見つからず悩んでいた。そんな時に、

「結婚して大人しく家庭に収まる。お前は、そんな普通の女になってはいけない。何か専門の知識を学んで、それを活かせる仕事に就くのがいいだろう」

父からそんなアドバイスをされた。

「法律を学んでみてはどうか？　お前には向いていそうだが」

さらに、こう言われた。しかし、当時は女性が法律を学んでも、それを仕事にすることはできない。弁護士法では「日本臣民ニシテ民法上ノ能力ヲ有スル成年以上ノ男子タルコト」と、弁護士資格を男性だけに限定していた。

しかし、嘉子が女学校を卒業した翌年、昭和8年（1933）にはこの弁護士法が改正される。弁護士資格を取得できるのは「帝国臣民ニシテ成年者タルコト」と、女性にもその門戸が開放された。貞雄は法学部出身者だけに法曹界にも詳しく、こうなることを予測していたのかもしれない。そして、自分の娘がその先駆者になることを期待したのだろうか。

父の話を聞くうちに嘉子もその気になってくる。

法律を学ぶ女。自分が先駆けになる……と、そこにフロンティア精神を刺激された。未開の地に足を踏み入れることには、不安や恐怖よりも好奇心のほうが勝るタイプ。自分がそれに成功すれば、後につづく女性たちのいい目標にもなるだろう。リーダー気質の彼女にはそれも重要なポイントだった。

しかし、この時はまだ弁護士法改正以前のことでもあり、弁護士になって法律家を職業にしようとまでは思っていない。ただ、

「女子大学で文学や英語を学ぶよりは面白そう。何かの役には立ちそうだし」

と、軽く考えていたふしがある。そんな軽い考えで人が驚くような大胆な行動にでる。それもまた、彼女らしいところではあるのだが。

娘がその気になっていることを察した貞雄はさらに、

「明治大学専門部を受験してみてはどうか」

と、勧めてきた。戦前は多くの私立大学が専門部を設置していた。大学が旧制高校や大学予科を経ないと入学できないのに対して、専門部や専門学校は旧制中学校などの中等教育機関を卒業していれば受験することができた。

また、専門部を卒業すれば、個別審査なしで本校の大学に進むことが可能だった。当時、大半が内部進学していたというから、私学の専門部は北海道や京城《けいじょう》（現在のソウル）など一部の帝国大学などが設置していた予科のようなもので、大学本校へ進学するための基礎知識を学ぶ場所と考えられていた。

高等女学校も男子の中学校と同じ中等教育機関なので、専門部や専門学校の受験資格はある。だが、当時の学校は男女別学が基本。女子を受け入れてくれる学校は少なく、それに代わる女子の高等教育機関が女子大学だった。

戦前の女子大学は名称こそ大学だが、実際には専門学校令に基づく高等専門学校。女学校卒業者を対象に、大半の学生は良妻賢母の育成に主眼を置いた家政学を学ぶ。他には国文学や英文学、数少ない実学の学科も医学や薬学、看護学など医療関連の学部で占められていた。

しかし、女子大学には法律や経済などの実学が学べる学部はない。女子が法律を学べる学校がなければ、弁護士法を改正したところで意味がない。ということで、明治大学では弁護士法改正の動きが出てきた昭和4年（1929）に、専門部女子部を創設してそこに法科を設置していた。

法律を学ぶという目標が定まれば、もはや進学先で悩むことはない。当時、女性が法律を学ぶことのできる高等教育機関はそこしかなかったのだから。

しかし、嘉子が法律を学ぶなんてことを言いだせば、ノブが猛反対するのは目に見えていた。父と娘は、母親には一切を秘密にして事を運ぶ。ノブが郷里の四国・丸亀に法事に出かけて家を留守にすると、嘉子は附属高女に出向いて明治大学専門部への進学の希望を打ち明け、入学手続きに必要な卒業証明書の発行を求めた。

「考え直したほうがいい」

案の定、学校側はすんなりと卒業証明書を出してくれない。当時、明治大学専門部は知名度が低く、また、女性が法律を学ぶというのはマイナスのイメージしかない。せっかく最高ランクの女学校を卒業して「一流の花嫁切符」を手にしているのに、

「その経歴を汚すことになる」

と、教師たちは必死に説得するのだが嘉子は頑として聞き入れず、説得を諦《あきら》めて卒業証書を発行することに。この時、学校側が自宅に連絡して親への説得を試みたりされると、ノブの在宅中だと面倒なことになる。その心配があったから、不在の隙を狙って行動したのである。卒業証明書を受け取ると、嘉子はすぐに明治大学に赴いて入学手続きを済ませてしまった。

法律や経済を学ぶ女性はよっぽどの変わり者。それどころか「恐ろしい」「不気味」とさえ思われるような時代だった。共産主義や市民運動など、警察から目をつけられるような活動をしているのではないかと警戒されたりもする。嘉子が法律を学んでいることを知った近所の人のなかには、

「まあ、恐ろしいわね」

と、言って眉《まゆ》をひそめる者もいた。そんな感じだから、縁談話を持ちかけてくる者

も激減する。

ノブが帰京してすべてを知った時には、当然のことながら大激怒している。ふだんは夫に大人しく従う良妻がこの時ばかりは猛抗議し、

「嫁のもらい手がなくなってしまいます」

入学をとり止めさせるよう大泣きして訴えるのだが、貞雄は娘の意思を優先するべきだと言って受けつけない。嘉子の意思も変わらなかった。こうなった時の娘の頑固さはノブもよく解っている。もはや諦めるしかない。

娘が生涯幸福に生きてゆけるように、女の道を説いて育てた。最難関の女学校を卒業し、ノブが望んだ通りの人生の勝ち組ルートを順調にひた走っていたはずなのに。最終コーナーをまわったところで落馬してしまったような……。ここまで必死に頑張ってきた自分の努力がすべて無駄になってしまった。そう思うと力が抜けて、激しい怒りの後には虚無感が湧き起こってくる。

しかし、人生観や価値観は、時代や人が生きてきた環境で変わる。ノブは異文化での生活を通してそのことも知っている。

自分と娘は生きている時代が違う。いまや職業婦人は珍しくない。結婚以外にも女

の幸福がみつけられる世が、やがて来るのかもしれない。維新以前にはありえなかった女性教師や女性医師も、いまの世ではそれが普通に受け入れられている。女性弁護士もやがてはそうなってゆくのかもしれない。

ノブと嘉子は血の繋がった母娘だけに、性格は似たところが多分にある。感情を抑え切れずに爆発することはあっても、いつまでもそれが尾を引かない。切り替えの早さは共通している。もはや入学手続きは完了しており、娘の意思は揺るがない。夫がそれを承諾している限り、覆すことは難しいだろう。自分だけがいつまでも抵抗して不機嫌をアピールしても無駄なこと、家の中の雰囲気を悪くするだけだ。

わだかまりは残りつづけるが、ここは娘の意思を認めて応援してやるしかない。世が変われば、女性弁護士でも嫁に欲しいという男性が現れるかもしれない、と。

女子学生は優等生ぞろい

昭和7年（1932）4月に、嘉子は明治大学専門部女子部（戦後に発足する明治大学短期大学の前身）に入学した。

明治大学専門部女子部には法律科と商科の2学科があって、合計の定員は100名だった。昭和4年（1929）の開校時には138名が応募して定員数を満たしていたが、その後の入学者数は減りつづけている。嘉子が入学した年、法律科の学生数は52名だった。

そのため希望すれば無試験で入学できただろう。法律や経済に関心をもつような女性は変人扱いされた時代だけに、学生の確保に四苦八苦していたようである。

当時の道案内によれば「御茶ノ水駅からは大通りをすぐ右に曲がり、文化学院の反対側の石段を降り切った処の左側」に女子部専用の出入口があり、小さな木造2階建ての校舎がひっそり建っていたという。

戦前の学校教育は「男女七歳にして席を同じゅうせず」という儒教の『礼記《らいき》』の教えに縛られ、小学校では3年生から学級を男女別に分けていた。中等教育では中学校と高等女学校に完全分離される。異性に免疫のない若者が多い時代だけに、女子部はできるだけ男子学生の目につかない場所に……と、大学側も配慮したのだろうか。

それでも、学内で女子学生の姿は目立つ。当時は大学生や専門学校生も、制帽に学生服を着用していた。明大では女子学生用にヒサシのない角帽と夏服兼用の制服を制定している。黒い詰め襟の制服だらけの学内で、それと違うデザインの制服を着た女子学生の姿は遠くからでもすぐ目につく。新入生の若い女子学生などは、年長の男子

この石段を降り切ったところにかつて明治大学専門部女子部があった
（東京都千代田区）

学生からひやかされることもよくあったという。

女子部には女学校卒業後すぐに入学する者にくわえて、女学校の4年生修了時点で入学できる予科もあった。

予科で1年間の基礎教育を受けて、翌年には女子部に入学する仕組みになっていた。また、他の女子大学から編入してきた者や、なかには婦人解放運動で名を馳《は》せた者もいたりして、年齢層は16～17歳から40代までとかなり幅広い。

世間から変人扱いされる者たちだけに、個性的でユニークな面々がそろっていたようである。なかでも、嘉子は女学校時代と同様にその存在感が際立っていた。武藤の名字と男っぽい気性から「ムッシュ」というアダ名をもらっていた。また、いつも元気ではつらつとしているところから「エネ子さん」と呼ばれたこともある。

女子部には独自の学友会があり、文芸、弁論、体育、音楽の4つのクラブ活動がおこなわれていた。嘉子は音楽部に所属して合唱団に入っていたが、ここでも自慢の美声が評判になる。彼女のソプラノソロには皆が聞き惚《ほ》れたという。

講義が終わると年齢の近い3～4人の友人と連れ立って、甘味処に寄っておしゃべりしたり書店めぐりを楽しんだ。明治大学のある駿河《するが》台《だい》には、他にも日本大学や中央

明治大学専門部女子部を前身に持つ明治大学短期大学の閉学記念碑（東京都千代田区）

大学などの私立大学や専門学校がある。当時は日本最大の学生街として知られ、学生相手の喫茶店や書店などがひしめいていた。

街では女子学生の姿も多く見かけられ、男だらけの学内のように目立つことはない。羽を伸ばして学生生活を謳歌《おうか》することができた。

昭和10年（1935）に専門部を卒業した嘉子は、さらに明治大学法学部に進んで学ぶことにした。

この年の6月には鉄道省が女性車掌を初めて採用するなど、女性の社会進出はさらに進んでいたのだが、満州事変《まんしゅうじへん》以来、大正デモクラシーの頃のように女性たちが自由に主義主張をおこなうことには、否定的な風潮も強まっている。

また、学術の世界でも言論統制はしだいに強くなってゆく。2月には美濃部達吉《みのべたつきち》の天皇機関説が不敬罪に問われて、彼の著書である『憲法撮要』が発禁処分になっていた。法律を学ぶ学生にとっては、とくに興味深い事件だった。学生たちの間でも議論されたことだろう。しかし、男子学生の輪に入り議論に加わるというのは、いかに度胸のある嘉子でも躊躇《ちゅうちょ》してしまう。

天皇機関説が不敬罪に問われた美濃部達吉（毎日新聞社提供）

男女別学の専門部とは違って、大学の法学部では男女が同じ教室で講義を受ける。当時の高等教育機関としてはかなり珍しい男女共学が実現していた。しかし、小学校以来ずっと同年代の異性と触れあう経験がないだけに、お互いに興味はあっても話しかける勇気がない。

どこの教室でも女子学生の数は数人程度と少なく、彼女たちはいつも教室の前方の席に集団で固まって座っていた。男子学生のほうからしても近寄りがたい雰囲気がある。女性と話をしているだけで「ナンパ野郎」と陰口を叩《たた》かれた時代だけに、なおさら躊躇してしまう。

また、女子が法律などの実学を学べる大学はここだけ。やる気があって優秀な娘たちが自然と集まってくる。それもまた、男子学生たちが「近寄りがたい」と敬遠する一因かもしれない。

最前列に陣取って講義に集中し、熱心にノートを取りつづける女子学生たちと、後ろの席で寝ているような男子学生たちとの学力の差は広がるばかり。しかし、それでも時が経ってお互い見慣れてくれば、少し雑談を交わせる程度には男女の仲も打ち解けてくる。するとテストの答案をカンニングさせて欲しいと、優秀な女子学生にお願いしてくるような者が現れる。

「テストの時には前後左右に座っていた男子学生たちが、答案を見せてくれと言って私をつついてくるのですよ」

嘉子は苦笑しながら、当時のことを語っている。女子学生の中でも飛び抜けて成績が良かった彼女は、男子学生からもすっかり頼られる存在になっていたようだ。

ちなみに嘉子は法学部の卒業式で総代として卒業証書を受け取っている。総代は学部内で一番の成績優秀者に与えられる栄誉。大学側も彼女のことを最も優秀な学生と認めていたということになる。

女子部が存亡の危機に

嘉子たちの成績を見ても、女子は男子と同等かそれ以上に優秀であることは証明された。しかし、世間では依然として女子が法律を学ぶことに対して風当たりが強い。

昭和12年（1937）7月には日中《にっちゅう》戦争が始まり、翌月には「国民精神総動員」の実施要項が決定している。「挙国一致」のスローガンを掲げて、国民全員が戦争遂行のために尽力しようというものだ。女性には出征する夫に代わって家庭を守り、将来の兵士となる子どもたちをしっかり育てることが求められる。良妻賢母であるべしという風潮が以前にも増して強くなっていた。女子部の入学者数はますます減りそうな状況で、学内からも廃止すべしという圧力が高まっていた。

そして、この年の理事会でついに女子部廃止が決定されてしまう。大学は文部大臣に生徒募集停止の願書を提出して、入学が決まっていた者には「経営困難のため今回は女子部の募集を中止する」という連絡をした。

突然の連絡を受けて入学希望者たちは困惑する。『明治大学短期大学五十年史』に、その被害者のひとりである女性が綴《つづ》った「女子部災難の記」という手記が載っている。それによれば、この女性は大学から連絡を受け、居ても立っても居られず女子部の事務室に押しかけている。事務室の中に入ると、そこには在学生らしき女性たちが数人、火鉢を囲んで神妙な顔で何やら話し合っていた。女子学生たちは彼女に向かって、

「いま私たちもそのことについて相談していたところです。なんとか一生懸命やってみますから」

そう言って元気づけてくれたという。

当時、女子部の在校生や卒業生たちが存続を訴えて必死の運動を展開していた。嘉

現在の明治大学駿河台キャンパス（東京都千代田区）

子もその中心になって活動していたようである。そんな努力の甲斐《かい》もあり、この後に大学側も女子部廃止を撤回。この手記を書いた女性も無事に入学を果たしている。

しかし、毎年定員割れがつづく状況では、いつ廃止されるか分からない。危うい状況であることに変わりはない。関係者たちはこれを打破する起死回生の方策を模索する。女子部の人気を高めて、入学希望者を増やすにはどうすれば良いのか。それには、女性弁護士を誕生させるのが最良の手段だった。

弁護士法が改正されてから3年後の昭和11年（1936）には、女性でも高等試験の司法科試験を受験できるようになった。これに合格すれば弁護士資格が取れる。同年の受験者は3610名中17名が女性だった。そのうち13名は明治大学法学部出身者で占められていたのだが、一次試験の論文試験で誰も合格できずに終わってしまう。翌年の昭和12年（1937）には、法学部1年に在学中の田中正子《たなかまさこ》が論文試験に合格した。が、二次の口述試験で不合格になっている。

嘉子は昭和13年（1938）3月に明治大学法学部を卒業し、この年の11月におこなわれる司法科試験に挑むことにした。法律を学ぶうちに、彼女も司法科試験合格をめざすようになっていた。専門部と大学で6年間学んできた。法律を職業にしようという意識はまだ希薄だったが、その成果を証明したいという思い。また、女子が高等試験を受験できるようになって2年、いまだ合格者がでていないというのが悔しい。自分たちの代でなんとかせねばという使命感に燃えていた。

大学側でも嘉子たちに悲願達成の望みを託している。法科の教授や講師たちの言動からも、その必死さが感じてとれた。後につづく後輩たちのために、女性が法律を学ぶ場所を残しておかねばならない。仲間意識や母校愛の強い彼女だけに、受験勉強にいっそう熱が入った。

第三章　最難関の国家試験に挑戦

「狭き門」にわきたつ闘争心

高等文官試験とは、戦前の日本で実施されていた上級官僚になるための資格試験のことだ。合格率10パーセントに満たない狭き門で、合格者の多数が東京帝国大学出身者で占められていた。日本中の秀才が集まる最難関の東京帝国大学出身者でも、この試験に合格するのは至難の業。

試験には一般の行政官採用を目的としたものと、外交官の採用を目的とした外交官及領事官試験、そして、裁判官や検事など司法官を採用するための司法科試験があった。かつては公務員である判事や検事の採用だけを目的にした判事検事登用試験があり、弁護士資格の取得はそれとは別に弁護士試験が実施されていたのだが、大正12年（1923）以降はそれが「高等試験司法科試験」として統一される。

民間の法律家である弁護士が、その資格取得のために公務員になるための資格試験である高等試験を受験するというのは、現代人の我々には不思議な感じがする。

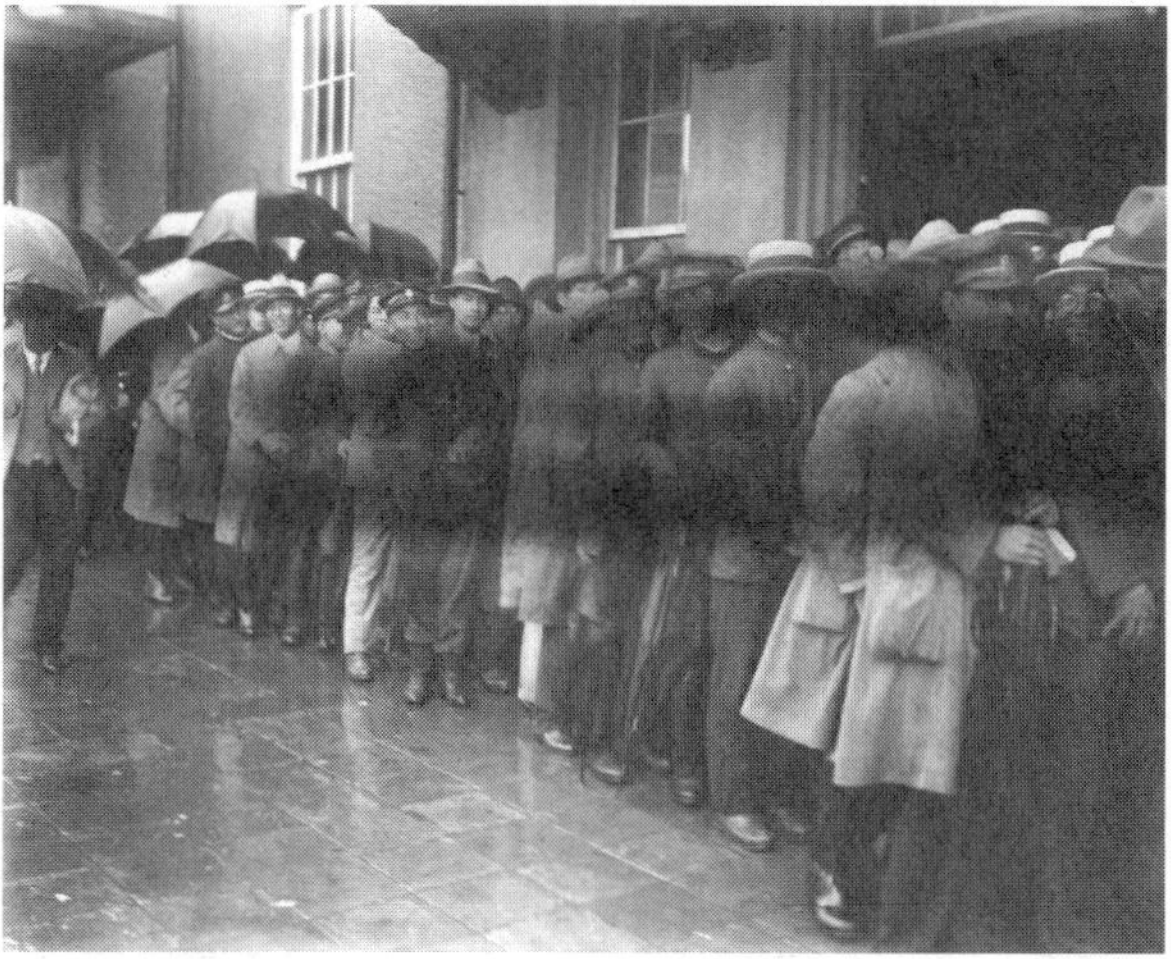

昭和５年（1930）ごろ、雨の中を高等試験会場に集まった受験者（朝日新聞社提供）

ちなみに、現在の司法試験は、法律家としての資格を取得するための国家試験である。合格者は司法修習生として実務を学ぶのだが、その立場は公務員ではない。司法修習を修了した後に法曹三者（判事、検事、弁護士）のいずれかになる資格が与えられ、この時にはじめて公務員の裁判官や検事、民間の弁護士になることを選択する。

戦後の弁護士法には「弁護士自治」が明記され、国と対等の立場になった。堂々と国を相手に裁判を起こすこともできる。しかし、戦前の弁護士は司法省の監督下に置かれていた。公務員である判事や検事には、弁護士を格下に見る風潮が強かったという。下請けの業者のような扱いだった。

また、判事や検事の採用については、この頃も「男性に限る」とされたまま。女性がなることができた法律家を弁護士に限ったのは、そうした格下扱いの意識が関係していたのではないか？　そんなふうにも思えてくる。

しかし、司法科試験は〝格上〟の裁判官や判事の志望者と〝格下〟の弁護士志望者が同じ土俵で争うことになる。帝大生でも合格は至難の業といわれる狭き門であることに変わりはない。明治大学法学部をトップの成績で卒業した嘉子だが、やはり高いハードルと感じていた。

昭和２年（1927）に撮影された東京帝国大学正門（毎日新聞社提供）

負けず嫌いで勝ち気な性格ゆえ、険しい壁が目の前に立ちはだかっていれば、臆《おく》するどころか逆に闘争心がわきたつ。

また、自分の合否は女子部の存続にもかかわってくる問題でもある。母校のため、後につづく後輩のため……。その思いが、燃えたぎる闘争心に油を注ぎつづける。使命感をかきたてられる。

大学卒業後は、その年の秋に予定されていた試験にそなえ自宅で受験勉強に明け暮れた。普通の女子大学を卒業生していれば、見合い話もたくさん持ち込まれたところだろう。けれど、法律を学ぶような〝恐ろしい娘〟を嫁に欲しがる物好きはいない。おかげで面倒なことに煩わされず、受験勉強に専念することができた。

この頃には母も諦めたのだろうか、それとも、新しい女の生き方に理解を示すようになったのか？　嘉子のやることには一切文句は言わず、それどころか、夜食の準備をしたりして受験勉強をサポートしてくれた。

難関の試験に合格するも……

司法科の筆記試験は必修科目と選択科目に分かれている。必修科目は憲法、民法、商法、刑法から1科目を選択する。また、選択科目は哲学、倫理学、心理学、社会学、国史、国文及漢文、行政法、破産法、国際公法、民事訴訟法、刑事訴訟法など様々なテーマの中から2科目を選択するようになっていた。

ちなみに、昭和8年（１９３３）の試験問題が現存しているので一例を紹介すると、必修科目の憲法は「国務大臣の権限を論ず」「租税に関する憲法上の原則を論ず」、民法は「信託行為を説明すべし」「民法第四百十六条を説明すべし」という出題がされている。また、選択科目の国際公法は「条約は如何にして成立するか」「戦争が通商に及ぼす影響如何」、民事訴訟法は「訴の客観的併合を説明すべし」「判決の既判力を説明すべし」というものだった。記述式で問いに対する深い理解や知識が求められている。

高等試験を受験する者はみんな、早朝から夜中の10〜11時まで、土日も休むことなくひたすら勉強にあけくれたという。嘉子も同様、いままでの人生でこれほど長く机にかじりついて勉強したことはなかった。半紙を二つ折りにして、考えつくすべての問題と解答を対比させたサブノートを作った。膨大な量になってしまったが、これを完全に覚え込めば合格間違いなしと信じて、繰り返しめくりながらひたすら内容を暗記しつづける。

受験日が近くなってきた頃には、サブノートは手垢《てあか》でかなり汚れていた。やれるだけのことはやった。受験日の朝は達成感と自信に満ちあふれ、

「これで合格は間違いない」

と、意気揚々でかけて行った……が、筆記試験が終わって帰宅した時には、朝とは別人のように憔悴《しょうすい》していた。いきなり玄関に座って泣き崩れてしまう。何を聞いても答えず、ただ泣くばかり。困り果てた母は近所に住む知人の野瀬《のせ》高生《たかお》を呼んできて、説得してもらうことにした。

野瀬は中央大学法学部卒業後に高等試験司法科に合格して、この年には判事に任官されていた。昔から武藤家に出入りして、親戚《しんせき》同然のつきあいだったという。嘉子にとっても気心が知れた相手であり、試験についてのアドバイスも色々ともらっていたようだ。

野瀬が駆けつけた時、嘉子はまだ玄関先に座り込んだまま大泣きしていた。なんとか落ち着かせて答案の内容について聞いてみたところ、彼が判断する限りでは失敗どころか、よくできた解答だと思った。だから、

「大丈夫、合格しているはずだ」

そう言って太鼓判を押す。先輩の言葉に安心したのだろうか、ようやく泣き止んで落ち着きを取り戻したという。

その後しばらくして筆記試験合格の通知が届いた。結果は野瀬が言った通り合格。しかも、抜群の成績で悠々合格だったというから、嘉子はいったい何を勘違いして大騒ぎをしたのだろうか？

思い込みの激しいところがある。感情の起伏が大きく、それを抑制することができなくなることも。そんな一面を時々みせた。また、強気なようで意外と脆《もろ》く、予想外のアクシデントには弱い。

ともあれ、筆記試験に合格した嘉子は二次の口述試験へと進む。筆記試験では判断のできない対応力や言葉の説得力が求められる。試験官と向きあって会話形式でおこなわれる試験は、引っ込み思案な者にはかなりのプレッシャーだ。

筆記試験に合格した者ならば簡単に解るような解答が、とっさに答えられずしどろもどろになったりする。失敗要因の大半はそれだろう。アクシデントに対して即応力を欠くところを露呈してしまった嘉子は大丈夫だろうか。

前年の試験で、当時は明大法学部に在学中だった田中正子が筆記試験に合格したのだが、この二次試験で不合格となり涙を飲んでいる。彼女も緊張で上手《うま》く答えられなかったのか？ 『華やぐ女たち 女性法曹のあけぼの』（佐賀千恵美／金壽堂出版）のなかで、筆者が田中本人にそのことについて質問したところ、

「いいえ普通に答えられました。私は当然、受かると思っていました。不合格だったのでびっくりしました」

このように語っている。本人にとってはまさかの結果、落とされた理由がわからない。試験官たちも、初の女性受験者に戸惑いそれが採点に影響したのではないか？となれば、嘉子たち女性の受験者にとってこれはかなり不利になる。

しかし、筆記試験の時と比べて嘉子には余裕があった。口述試験なら自分は上手くやれる。そんな自信があった。思い込みの激しさ、それが有利に働くこともあるのか。コミュニケーション能力に優れ、物おじしない性格がこういった試験には向いている。

口述試験では緊張することなく面接官と相対しても、戸惑うことなくすらすらと受け答えすることができた。アクシデントには弱いが、勢いに乗った時には強い。上手くいったという手応《てごた》えはある。悔いなく試験を終えることができた。しかし、試験場

から帰ってきた彼女の顔色はなぜか冴《さ》えない。悲観し大泣きした筆記試験の時とは違って、その表情は少し怒気を帯びていた。

嘉子が試験会場に入った時、受験生の控え室に司法官試補採用に関する告示が貼ってあることに気がついた。司法科試験合格者の中で判事や検事の職を希望する者は、司法官試補に応募して研修を受けなければならない。その募集に関するものだった。

合格者の大半は裁判官や判事になることを希望するのだが、しかし、司法官試補に採用されるのは約80名。合格者の3分の1程度でしかなく、残った者たちは弁護士試補として各地の弁護士事務所で研修を受けることになる。

現代の司法修習とは違って、戦前は公務員である検事・判事の研修は国がおこない、個人業種の弁護士は弁護士会がおこなう、それぞれ別個の研修システムになっていた。また、弁護士試補の1年6ヵ月にもなる研修期間中は無給だったのに対して、判事や検事の卵である司法官試補には給与が支払われる。待遇にも格差があった。

しかし、嘉子が試験会場の告示を見て憤慨したのは、弁護士と判事・検事の待遇格差が理由ではない。その採用条件に「日本帝国の男子に限る」という一文を見て、納得がいかなかったのだ。

戦後になってから嘉子がとある講演会に出席した時に、

「裁判官をなぜ日本帝国男子に限るのか。同じ試験を受けて、どうして女子は駄目なのかという悔しさが猛然とこみ上げてきたことが、忘れられません」

このように語っている。高等試験の会場で目にした衝撃と怒りは、長い年月が過ぎてもけして忘れることなく、心のなかにトゲのように突き刺さっていたようだ。


しかし、ここでひとつの疑問がわく。二次試験の会場で、嘉子ははじめて女性は裁判官になれないという事実を知ったという。法改正によって女性が弁護士になる道は開かれた。だが、判事や検事の採用に関しては、女性への門戸は閉ざされたまま。それはいまさら驚くことでもないような、大学で法律を学んでいれば知っていて当然のことのようにも思える。

また、司法科試験を受験する者であれば、普通は合格後に自分が進む道についても色々と調べているはず。裁判官になるか、弁護士になるか。それぞれの研修制度や待遇について、事前に把握するのは当然だ。

試験勉強に集中し過ぎて、そこに考えが及ばなかったのだろうか？　弁護士になれるのだから、検事や判事にもなれるだろうと、本気で思っていたようなのだが。

法律家を職業にして自活する。そこまでの信念はなかった。女子大学で文学や家政学を学ぶことには興味がわかない。それよりも法律のほうが面白そうだ。見合いの席では多少不利になることを承知で、結婚までの数年間は自分が興味のあるものを学んで、楽しく人生を過ごしたい。そんな程度の考えではなかっただろうか。

司法科試験に挑戦したのは、6年間法律を学んできた自分の力を試すため。後輩たちのため、母校のため。また、国家資格を取っておけば、将来的に役立つことがあるかもしれない。そういった計算も働いていたのだろうか。

この時代、女性が専門職の資格を取っても、実際に職業婦人として自立する人は少なかった。夫が亡くなった場合の万一の事態に備えて、いざという時のために資格を取得しておく。そういった考えが大半だったという。

お茶や生け花を習うのと同様に、資格取得もまた花嫁修業のひとつ。

「俺に何かあっても、子どもたちの生活は心配ない」

男たちにそんな安心感を植えつけることができれば、見合いの席で好感度はまたあがるというわけだ。

ただし法律家の場合は、教師や医師など他の資格とは違って結婚には逆に不利な条件となることのほうが多い。なにしろ、世間にはそれを「恐ろしい」と考えるような者がいた時代なだけに、恐ろしいとまでは思われなくとも、理屈っぽくて面倒くさい女といった印象を抱かれ敬遠されるだろう。

嘉子にも結婚願望はある。それでも、結婚に極めて不利な法律の道を学んだのは、彼女の認識の甘さがあったのではないか？

嘉子は何不自由なく育ってきたお嬢様、これまでの人生で挫折《ざせつ》を味わったことがない。金の苦労、生活の不安など感じたこともなかった。放任主義の親に見守られながらのびのびと暮らし、4人の弟たちも彼女を畏敬《いけい》して絶対に逆らわない。そういった環境が、勝ち気でポジティブな思考を育《はぐく》んだ。

「そんなの、世間のほうがおかしい！」

自分の道理にあわないことは納得できない。自分たちが頑張れば、そのうち世間も認識を改めるはず。そんなことを期待してしまう。超ポジティブ思考であるがゆえに、それが明日にも起こると思ったりもする。教師や医師、タイピストなどと同様に、女性法律家も普通の職業として特別視されず、結婚の障害にはならなくなるだろう、と。しかし、世の中そんなに甘くない。それに気がついた時はすでに遅かった。

幸か不幸か、嘉子は二次の口述試験にも合格してしまった。昭和13年（1938）の試験では、嘉子の他にも明治大学法学部3年生だった久米愛《くめあい》と、前年の口述試験で落ちた田中正子が2度目の挑戦で合格している。

女子部出身者の合格が悲願だった明治大学では、一度に3人もの合格者がでたことを喜び祝賀会が催されたという。その快挙は新聞でもさかんに報道され、専門部女子部の存在が脚光を浴びるようになる。翌年からは専門部女子部の入学志願者も増えて存亡の危機を脱することができた。

昭和13年（1938）11月2日の『東京朝日新聞』は「法服を彩る紅三点　〝女性の法律問題は女性が――〟弁護士試験初の栄冠」というタイトルで、嘉子たちのことを大きく取り上げていた。そこには3人のインタビュー記事も載っている。

「女弁護士を目指しての受験だなどと云はれては困ります。法律を始めたのはこれからの婦人の社会生活にはどうしても法律の知識が常識として必要だと思ったからです、受験する気になったのも当時稍不振の母校の名誉を幾分でも高め度いと思ったからです、これから法律の仕事に従事するかって……それは今まだ何とも言へませんワ……」

嘉子はこのように語っている。やはり、職業として法律家を志していたわけではない。いつもの彼女らしくない、少し腰が引けているような感じがする。一心不乱に勉強して、合格したところで、はっと我に返ったのだが。もう引き返せないところまで来てしまい慌てている……。そんな感じだろうか。

これで婚期がまた遠のく。母の言うことは正しかった。普通の女子大学に通って文学でも学んでいたほうが良かったのかもしれない。専門部女子部を卒業したあたりで、当初の目的だった法律についての知識はひと通り学ぶことができた。そこが引き際だったか？ 思い止《とど》まるタイミングが遅すぎた。

「大学には行かずに結婚の準備をしていればいまごろは」

などと、後悔が頭を過《よぎ》ったのではないか。あくまで想像なのだが。

女性法律家たちのリーダー的存在・久米愛

「久米愛さんは、スラックスでつかつかと歩いて来るイメージ。三淵嘉子さんは、丸ぽちゃでおしゃべり好きの明るい人。中田正子さんは、すらりとした貴婦人タイプ。着物を上品に着ておられた」

『華やぐ女たち 女性法曹のあけぼの』には、嘉子たち司法科試験に合格した女性たちのイメージについてこのように書いてある。三人三様、それぞれに個性的だ。ここで嘉子以外の他のふたりの合格者についても触れておこう。

「スラックスでつかつかと歩いて来るイメージ」という久米愛は、戦後に日本婦人法律家協会が創立された時、初代会長となり女性法律家たちをまとめ上げたことで知られる。積極的に動いて仲間を引っ張るリーダーだった。キャラ的に嘉子とかぶりそうな感じもある。

愛は明治44年（1911）に生まれており、嘉子よりも3歳年長。婦人法律家協会では嘉子が愛をサポートして、副リーダー的な役割をこなしていた。名コンビだったという。

愛の出身は大阪で、父は電力会社の社長だった。こちらも家庭はかなり裕福そう。大阪の夕陽丘高等女学校（現在の大阪府立夕陽丘高等学校）を卒業した後に上京して、津田《つだ》英学塾（現在の津田塾大学）で英語を学んでいる。当初は英語教師となることを夢見ていた。しかし、彼女が津田英学塾を卒業した昭和8年（1933）は、世界恐慌の影響が色濃く残る不況の真っ只中《ただなか》。希望していた教師の職になかなか就くことができずに、途方に暮れてしまった。

実家が金持ちで生活の心配はなかったのだが、自立心の強い愛にとっては学校を卒業しても親のスネをかじりつづけるというのはプライドが許さない。女性も職を持って自活するべきだと考えていた。そんな折、法改正で女性にも弁護士になれる道が開かれたことを知った。

彼女は子どもの頃から弁が立ち、口喧嘩《くちげんか》は得意中の得意だったという。相手が誰であろうが、自分が正しいと思えば絶対に譲らない。

「お前は口答えの名人。日本でも女が弁護士になれるなら、一番向いていると思う」

彼女に言い負かされていた父は、辟易《へきえき》した顔でよくこう言っていた。自分でもそう思っていた。それだけに女性も弁護士になれると知って、今後の方針はすぐに決まる。津田英学塾卒業後は明大専門部女子部に入学。そこから明治大学法学部へ進み、在学中に高等試験司法科に合格したのである。

この時代の女性には珍しく結婚願望が希薄だった。子どもの頃から男尊女卑の社会に憤りを感じ、男の庇護《ひご》のもとでしか生きられない女にはなりたくない、自分の生涯を捧《ささ》げられる仕事を持ちたいと思いつづけていた。

その意識は年齢を重ねるごとに強くなっていた。

津田塾大学（東京都小平市）

「こんな自分の考えを受け入れてくれる男性がいるはずがない」
と、結婚を諦《あきら》めていた。

しかし、そんな彼女が学生時代に生涯の伴侶《はんりょ》となる男性と巡りあい、3人の中で最も早くに結婚してしまうのだから人の運命はわからない。

司法科試験の2年前、彼女が明治大学法学部に進学して間もない頃のこと。夏休みに友人たちと信州《しんしゅう》の避暑地を旅行したのだが、泊まった旅館で東京帝国大学の学生グループと出会う。旅先の浮かれた気分も影響したのか、若い者同士意気投合。翌日には近くの牧場へ一緒にハイキングにでかけることになった。

この時に知り合った久米知孝とは気があって話が弾んだ。帰京後もふたりは会うようになり、交流が深まってゆく。

二・二六事件が起きたのがこの半年前。事件後はしだいに軍部が発言権を強め、政治にもやたらと干渉するようになっていた。また、街では軍人が偉そうな態度でふるまうようにもなる。

男尊女卑の社会を嫌う愛は、個人の権利や自由を尊重する個人主義や自由主義の考

街頭ラジオで二・二六事件のニュースに聞き入る東京市民（毎日新聞社提供）

え方を好んでいた。それとは真逆な時代に進みつつある日本社会に、憤りや不安を感じている。

知孝のほうはさらに確信的な自由主義者だった。ふたりは甘い恋よりも、世相のことや思想・哲学について語りあうことが多かったという。色気はないのだが、お互いの考えをより深く理解して愛情はますます深まってゆく。意見が合わない時には論争にもなる。どちらもなかなか折れない。が、知孝は愛の言うことを真っ向から否定するようなことはせず、彼女の意見をよく聞いたうえで反論してくる。

「女の癖に！」

などと、論争で劣勢になった時に男たちが必ず口にする常套句《じょうとうく》が、彼の口からは一度も発せられることはなかった。女だから男だからというのではなく、常に対等なひとりの人間として対峙《たいじ》してくれる。

そんな知孝に愛はますます惹《ひ》かれてゆく。知孝もまた、納得できないことには絶対に折れない愛の態度を好ましく思っていたようだ。

気がつけば、お互い離れがたい存在になっていた。知孝は大学卒業後に日立《ひたち》製作所に就職し、九州の工場に配属されたのだが、その間にもふたりは文通をつづけ、遠距離恋愛で愛を育んだ。そして、昭和13年（1938）1月には籍を入れて結婚する。

しかし、結婚後も明治大学在学中で高等試験司法科を控える愛は、九州へ行くことはできなかった。知孝も職業婦人として自立したいという愛の意思を尊重し、別居生活を了承している。


若い男女が恋愛に憧れるのは戦前も戦後も変わらないのだが、昭和10年代の恋愛結婚は13～14パーセント程度と現代に比べてかなり少ない。男女別学で出会いの機会が少ない社会では男女が出会うのは難しい。また、結婚となれば親にも認めてもらわねばならず、恋愛結婚のハードルはさらに高くなってくる。

結婚すれば妻は専業主婦となり家を守る。親世代ともなると、それがさらに強固な常識的感覚だった。新婚早々に別居して、妻はひとり弁護士をめざして受験勉強するなどということを、知孝の親がよく許したものだと思う。女性の自立に理解のある知孝のような男性はこの時代には珍しいのだが、彼の両親もまたかなり稀《まれ》な存在だったと思われる。

愛にとっては最良の伴侶と婚家。旅先での偶然の出逢《であ》いがなければ、本当に生涯独身で生きることになっていたのかもしれない。結婚運については、3人の中で最も恵まれていたようである。

結婚してからまもなく、知孝は軍隊に召集されてしまう。除隊するまで別居生活は約3年つづいた。その間、愛は東京にあった知孝の実家で、義父母と同居しながら夫の帰りを待つことになった。

愛は司法研修先の弁護士事務所では誰よりもよく働き、事務処理能力の高さが評価されるようになっていた。困っている人を見ると黙ってはいられないお人好しであり、また、多少せっかちでもある。滞っている仕事があると率先して引きうけ、いつも大忙しだったという。

「女であることに甘えちゃいけない。男と同じ仕事ができなければ」

というのが彼女の口癖。男尊女卑の考えに憤り、職業婦人を色眼鏡で見る世間を見返したい。と、そんな意地もあったのだろう。

共働き夫婦でも、家庭生活は女の負担が重くなってしまうのは仕方のないこと。愛はそう考えていたようだ。とくに育児は女の仕事だと思っていた。男性が育休を取って育児に参加するような現代に比べると、男女同権の意識にも大きな違いがある。それだけに、この時代に男と同じに仕事をしようとすれば、女のほうは常に過労働を強いられて疲弊する。

家庭があるから、子どもがいるからということを口実にして仕事がおろそかになってはいけない。家事をやるのは当然のこと。その上で仕事を完璧《かんぺき》にこなさないといけない。愛は自分を戒めるように、よくそんな言葉を口にしていたという。実際、家事もてきぱきと完璧にこなしていた。職場でも家でも休む間がない。疲れていたとは思う。が、

「活発でひょうきん」

仲間内ではそう評された。人前では絶対に弱みを見せない。

彼女は休むことなく働きつづけた。困っている人々の弁護を積極的に引きうける。弁護士が天職というだけに、正義感も人一倍強かった。自分の信念に反することには、相手が誰であろうとけして折れない。

その頑固な不器用さには、好印象を抱く者が多かったという。信念の人、頼れるリーダーとして信頼された。戦後は女性の労働条件改善に力を尽くし、また、津田塾時代に鍛えた英語力を活かして国際舞台でも活躍するようになった。国連総会に出席して、世界人権規約の草案審議にも参画している。

知的好奇心の人・中田正子

〝紅三点〟最後のひとりである中田正子は、嘉子や愛とはちょっと雰囲気が違う。写真に写った和服姿を見れば、当時の新聞記事で彼女を紹介する時に使われた「すらりとした貴婦人」という表現が言い得て妙。眼鏡がよく似合っている。大人しい優等生といった感じで、その雰囲気からは法廷で検事を相手に激しく言い争う姿など想像できない。

正子は明治43年（1910）に東京小石川区で生まれている。3人の中では最年長。父の田中國次郎は職業軍人の憲兵隊大佐だったが、本好きでシェイクスピアを原書で読んでいたという博学の人だった。軍人というよりも学者っぽいタイプ。子どもたちにもうるさいことは言わず、好きな道に進ませた。

正子も昔から本を読むのが好きで、興味を持てば何事も徹底的に探求したくなる学者肌だった。性格は父譲りだろうか。東京府第二高等女学校（現在の東京都立竹早《たけはや》高等学校）を卒業した後、新渡戸《にとべ》稲造《いなぞう》が校長を務める女子経済専門学校に入って学んだ。

新渡戸稲造（国立国会図書館）

この学校は経済にくわえて政治、法律などの授業もあった。当時の女子教育機関としては珍しい。講師陣にも一流どころの陣容をそろえていた。政治学を教える吉野作《よしのさく》造《ぞう》は、民本《みんぽん》主義を唱えた大正デモクラシーを象徴するひとり。授業では自由や男女同権などについて熱っぽく語っていたという。また、法律の授業を担当するのは民法学者・我妻栄《わがつまさかえ》。「我妻民法」と呼ばれる民法体系を作り、戦後は日本国憲法の制定にも尽力した人物である。正子たちの授業でも、我妻は実例をあげながら法律について分かりやすく解説してくれた。それを聞いているうちにやがて、

「法律って面白い」

そう思うようになり、もっと法律を深く学んでみたい。と、好奇心を抑えきれなくなって、昭和6年（1931）には日本大学法文学部に選科生として入学した。選科は聴講生のような扱いで、正規の学生ではない。卒業証書はもらえず、司法科試験の受験資格は得られない。

もっとも、この頃はまだ法改正以前で女性は司法科試験を受けることができなかった。それでも正子が法律を学ぼうとしたのは、もっと深く知りたいという欲求、学問としての興味からだった。

我妻栄（写真中央／毎日新聞社提供）

しかし、法改正で女性弁護士が認められるようになると、その考えがしだいに変化してくる。法を学ぶだけではなく、得た知識を役立てる仕事がしてみたいと思うようになる。それには、司法科試験の受験資格が認められる高等教育機関で正規の学生として法律を学ばねばならない。そこで明治大学専門部女子部へ入学することにした。日大の選科を修了していることから、3年生に編入が認められた。さらに、昭和10年（1935）には明治大学法学部へと進み、在学中の昭和12年（1937）に高等試験司法科に挑戦した。

司法科試験は一次の筆記試験で受験生の9割近くが落とされる。二次の口述試験まで進んだ女性は彼女が唯一だった。口述試験も彼女には上手くいったという手応えがあり、合格を確信していたという。しかし、先にも述べたように結果は不合格だった。何が悪かったのか分からない。納得がいかなかった。ここで諦《あきら》めるのは悔しすぎる。翌年の試験に再チャレンジするため、さらに猛勉強をつづける。

気がつけば27歳になっていた。これまで母親が心配して何回も見合いをさせていたのだが、合格するまで結婚する気はない。

正子はいつも穏やかな表情で感情をめったに表にはださず、しゃべる口調も静かで落ち着いていたという。そのため活発な嘉子や愛と比べると「大人しい女性」といった印象をもたれるのだが、これでかなりの負けず嫌い。納得できないことには、豹変《ひょうへん》して激しい抵抗を見せることがあった。意外と、怒らせたらいちばん怖いタイプなのかもしれない。

正子は司法科試験合格後、弁護士補として研修していた29歳の時に中田吉雄《よしお》と結婚している。吉雄は京都帝国大学農学部を卒業後、アジア諸地域の農業研究を目的に設立された内閣企画院直属の東亜《とうあ》研究所に勤務していた。ふたりの出会いは知人の紹介だという。彼女は自分と同じ「学問好きな人」が好みで、それを結婚相手の条件にしていた。条件にピタリと当てはまった吉雄とは波長があったようで、

「この人となら、やっていける」

そう確信して結婚を決めたという。

学問好きで知的好奇心の強い似た者夫婦。お互いの仕事にも関心をもつようになり、法律や農業のことについてよく語らった。正子は家庭と仕事を両立させながら、研修期間を終えると弁護士として本格的に仕事を始めるようになる。

戦時下でも民事を中心に、彼女にはそれなりに仕事はあった。やり甲斐《がい》も感じていた。しかし、昭和20年（１９４５）になると吉雄は若い頃に患った結核がぶり返し、しだいに体調が悪くなってゆく。この頃の東京は食料事情が悪く空襲も激しくなっていた。そのため吉雄の故郷である鳥取県に疎開して療養することに。夫の実家を手伝って日中は畑仕事や蚕の世話などに明け暮れるようになる。

生まれてからずっと都会暮らしの正子にとって、田舎の生活には驚き戸惑うことばかり。しかし、そこでも持ち前の旺盛《おうせい》な好奇心や探究心が刺激されたようで、法律の勉強を始めた頃と同様に、農業を「面白い」と感じるようになっていた。そうなると順応するのは早い。気がつけば白かった肌はすっかり日焼けして、近所の農家の奥さんたちと見分けがつかなくなっていた。

鳥取に疎開した当初は、戦火を避けての一時避難であり、戦争が終わればすぐに東京に帰る気だった。が、吉雄は体調が回復すると地元の人々に担がれ県議会議員に当選してしまい、鳥取を離れられなくなってしまう。久米愛のように別居して、ひとり東京に戻るという選択肢は正子にはない。

終戦後の昭和25年（１９５０）になると吉雄は参議院選挙に出馬し、当選する。国

中田正子（共同通信社提供）

会議員の夫は1年の半分以上を東京で暮らすようになるのだが、彼女はそのまま鳥取に住みつづけた。

議員の妻として夫の選挙地盤を守る務めがある。地元の会合や集会にも顔を出さねばならず、そちらにも時間を取られる。夫のサポートに熱心だったのは、議員の妻の務めという義務感だけではない。弱者の味方になりたいという夫の政治姿勢に共感していた。ともに戦う同志といった意識が強い。それは弁護士の仕事にも通じるところがあった。

正子は昭和21年（1946）に娘を産んでいる。36歳での出産は当時では、かなりの高齢出産。その後も立てつづけに子が生まれ一男二女の母になっていた。議員の妻としての仕事にくわえて、家事や子育てにも時間を取られる。40代ともなればもう無理の利かない年齢である。

また、彼女は弁護士の仕事もつづけていた。戦後は夫の実家がある鳥取県八頭《やず》郡若《わか》桜《さ》町から、県庁所在地の鳥取市に移住していた。鳥取地裁の近くに家を借りて、そこを自宅兼事務所にするようになってからは仕事の量が増えた。

かなり忙しかったはずだが、人前でいらだち焦るような姿はけして見せない。夫の代わりに会合に出席した時は、大人しく一歩引いて優しく微笑んでいる。大勢の人々が常にそんな正子の姿を目にしていた。

寡黙で大人しそうな女性。そのイメージは歳を取っても変わらないのだが、法廷で正子を見た人は、それとは違った彼女を目にして驚くことがあった。豹変する。その言葉がピッタリとくる。弁護士として法廷に立てば、激しく迫力あふれる口調で依頼人のために訴える。弁護士の少ない地方で、女性弁護士となればさらに貴重。女性同士でなければ依頼しにくい案件も多々あり、正子を頼る者は多かった。彼女が東京に戻らなかったのは、そうしたことも理由だったのだろうか。

弁護士と議員の妻、そして、子どもたちの良き母。と、正子はその過酷な三つの役割を涼しい顔して淡々とこなしつづける。そして、91歳まで生きて天寿を全うした。古希を前にして亡くなった嘉子や愛よりも、かなり長生きをしている。やはり、人は外見ではわからない。じつに屈強な女性だった。

第四章　前途多難の船出

息抜きは3人でのおしゃべり

司法科試験に合格した者は、弁護士試補として1年6ヵ月の研修を受ける。嘉子は第二東京弁護士会、久米愛と中田正子は第一東京弁護士会に配属され、それぞれの弁護士会に所属する弁護士事務所で研修することになった。

明治26年（1893）に弁護士法が制定されて「弁護士」の名称が生まれ、裁判所の監督下で各道府県に弁護士会が設立された。弁護士は各地の弁護士会への加入が義務づけられるようになる。制度の発足当初は、東京弁護士会は東京における唯一の弁護士会だった。しかし、弁護士の半数以上が東京在住で、その人数は他府県に比べて格段に多い。それだけに意見が分かれて論争が頻発するようになる。

論争はやがて激しい派閥抗争に発展した。そのあげく、大正12年（1923）には385名が東京弁護士会から脱退し、新しい弁護士会の設立を宣言。分離法案は帝国議会でも可決されて第一東京弁護士会が誕生する。分離後もふたつの弁護士会の対立は激しくなるばかり。それに嫌気がさした弁護士たちがさらに分派して、大正15年（1926）には第二東京弁護士会が設立された。これによって東京の弁護士会は3

つになる。

3つの弁護士会の中で最も歴史の新しい第二東京弁護士会は、進取の気風にあふれた〝新しもの好き〟が特徴だという。何かの企画を提出する時に「これはまだどこの弁護士会もやっていません」と言えば、理事会で話が通りやすかったとも聞く。その気風は嘉子の性格に合っているような感じがする。

研修を受ける弁護士事務所は丸の内にあった。大勢の弁護士をかかえた大きな事務所で、他にも数人の研修生がいた。しかし、みんな歳の離れた男性ばかり。大学の新卒や在学中の若い男性は大半が司法官試補に採用されて、弁護士になるのは中高年男性が多かったという。

研修期間は無給のタダ働きが建前。実際には弁護士会が交付金を捻出《ねんしゅつ》して、月額20円程度の手当を支払っていたというのだが。しかし、帝国大学出身の国家公務員なら初任給75円が支給され、私大や専門学校を卒業した民間企業勤務でも60円以上はもらえる。また、女学校卒のタイピストの給料が30～45円というのだから、妻子持ちの研修生にこの額はあまりに安すぎる。

貯金を切り崩してなんとかしのいでいた中高年研修生たちは、家計の厳しさなどの愚痴を言いあい、どこその居酒屋が安く呑《の》めるなどといった話題で盛りあがっていたようだ。が、嘉子には彼らと共通の話題がなく話の輪に入れない。世代間や男女の壁は現代よりもずっと高く、コミュニケーションが難しい。疎外感を感じてしまう。研修の議論の場でも、年配者の自尊心を傷つけないよう配慮せねばならない。相手が同じ研修生であっても、言葉を選んで遠慮しながら発言した。そのため本意がなかなか伝わらず苦労する。

「ああ、もう、いらつく！」

ストレスがたまる。しかし、事務所の中には愚痴を言いあえるような同年代の女性はいない。

愛や正子が所属する第一東京弁護士会も状況は同じだった。3人の研修先の弁護士事務所は近く、徒歩でも行きあえる距離にあった。昼の休憩時間には待ち合わせをして、旧丸ビル内のレストランでよく一緒にランチを食べたという。みんな年齢の離れた男性に囲まれた環境で苦労をしているだけに、共通の話題で盛りあがった。ここでたまっていたストレスを吐きだしてガス抜きすれば、すっきりした気分で午後の研修に臨むことができた。

昭和５年（1930）に撮影された、丸の内・東京駅から見た旧・丸ノ内ビルヂング（毎日新聞社提供）

旧丸ビルは昭和4年(1929)に大ヒットした『東京行進曲』にも登場する東京の名所。一流企業のオフィスにくわえて、フランス料理店など飲食店のテナントも多く入っていた。

この頃は単品のハヤシライスが20銭、レストランのランチは30~40銭といったあたりが相場。当時は一流企業のサラリーマンでも弁当派が多かったという。毎日が外食だと家族持ちにはサイフが厳しい、薄給の研修生にはさらに厳しいのだが。嘉子の場合は自宅暮らしのお嬢様。他の研修生たちのように金で苦労することはなく、手当の20円はすべて自分のお小遣いとして使うことができた。このあたりの金銭感覚も、お互いの理解を難しくする壁を作っていたような気がする。

ランチの後、皇居の濠端《ほりばた》を散歩しながら3人のおしゃべりはつづく。事務所に戻ってしまえば雑談できる相手はいない。同世代の女性同士で楽しく話ができる貴重なひと時だった。

また、研修先の弁護士事務所からは有楽町《ゆうらくちょう》や銀座《ぎんざ》が徒歩圏内。有楽町には昭和9年(1934)に東京宝塚劇場が開館し、ほぼ同時期に王冠を模した独特の外観が印象的な日劇《にちげき》も完成している。

昭和13年（1938）に撮影された東京宝塚劇場（毎日新聞社提供）

付近には他にも劇場や大きな映画館が集まり、当時はこの界隈《かいわい》がショービジネスの中心地になっていた。女学校時代から宝塚の大ファンだったという嘉子だけあって、2人を誘って一緒に映画やレビューを楽しんだりもしたのだろうか。

有楽町から数寄屋橋《すきやばし》を渡った先には銀座がある。新宿《しんじゅく》や渋谷はまだ場末の盛り場。六本木《ろっぽんぎ》は歩兵連隊の兵営や練兵場に囲まれた〝軍隊の街〟だった。東京で繁華街と呼べるような場所は浅草《あさくさ》か銀座ぐらいしかない。復活した柳並木の歩道沿いには洒落《しゃれ》たティールームも多くあり、アフターファイブを楽しむにも良さそう……。流行歌にもよく歌われた街の風景。当時の若者たちが憧《あこが》れた眺めなのだが、この頃になると、街歩きに浮かれるのが少しためらわれる。そんな空気が漂っていた。

日中戦争が始まってからすでに1年以上が経過していた。当初はすぐに中国が降参して終わると思われていた戦争は、いっこうに終わる気配がない。戦域は広がり泥沼化、そこに大量の戦費や戦略物資が吸い込まれてゆく。国家財政は苦しくなる。戦争が始まった年には国民精神総動員実施要綱が閣議決定され、国民には戦争遂行のために消費節約が求められるようになった。戦争の長期化とともにその要求がしだいに強くなっていった。

昭和14年（1939）に撮影された銀座の風景（毎日新聞社提供）

昭和14年（1939）6月には、国民精神総動員委員会が繁華街のネオンの撤去や中元歳暮の贈答品廃止など、贅沢《ぜいたく》を戒める生活刷新案を提言。銀座の街の灯《ひ》は、以前と比べて寂しく暗くなっていた。また、街のあちこちに戦意高揚を促すポスターや横断幕が掲げられ、婦人団体が街角に繰りだし「パーマネントはやめましょう」などと呼びかける運動も始まる。

弁護士活動の低迷、その理由は？

昭和15年（1940）12月、嘉子は見習い研修を終えて弁護士を開業した。ヨーロッパではすでに第二次世界大戦が始まり、この年の6月にはドイツ軍がパリを占領している。

9月には日独伊三国同盟が締結され、日本でも米英との対決姿勢が強まっていた。同年には内務省から芸能人の芸名に外国語の使用を禁じる通達が出されて、敵性語の追放運動が盛んになっていた。多くの日本人がもはや対米戦は不可避と考えるようになる。「ぜいたくは敵だ」というスローガンがこの年の流行語になった。

勝利のために私欲を捨て、国民が一丸となって国に尽くさなければならない。非常

昭和15年（1940）に大阪市で撮影された写真。街頭でパーマネントや「華美な装い」の女性に注意する警察官（毎日新聞社提供）

時に個人の権利を主張して争うのはワガママな行為だ。と、そんな空気が世に蔓延《まんえん》していた。それが弁護士の仕事にも少なからぬ影響を及ぼす。嘉子もそれを身をもって体験することになる。

弁護士を開業して間もない頃。離婚に関する妻からの依頼を受けた。夫に不倫を疑われて理不尽な離婚請求を突きつけられ、その名誉を回復したいのだという。資料を集めて訴訟の準備をしていたのだが、しかし、夫のもとに召集令状が届くと、

「後顧の憂いなく夫が出征できるようにしたい」

妻はそう言って、訴訟を取り下げ離婚に応じてしまったのである。不貞の疑いを晴らすため必死に奔走していた嘉子からすれば、ハシゴを外された感じ。

個人の名誉や権利など、戦争遂行のためには取るに足らぬこと。そんなことで争っている場合ではない。裁判などという大げさな手段を取らず、揉《も》め事は内々で穏便に解決するべきだ。などと、周囲から諭されて訴訟を諦めてしまう。当時はそういったことが多く起こっていた。そうなってしまえば弁護士はいらない。仕事の依頼が激減し、嘉子は暇を持て余すようになっていたという。

しかし、他のふたりの女性弁護士、久米愛と中田正子の状況は嘉子とは少し違った。
久米愛は弁護士になって1ヵ月後、夫が兵役を終えて帰京。ふたりは東急線《とうきゅう》の大岡《おおおか》山《やま》に家を借り夫婦で暮らすようになっていた。昭和16年（1941）4月には長男も生まれているのだが、彼女は家事と子守りを住み込みの女中に任せて、弁護士事務所に通いながら仕事をつづけていた。ほぼ毎日事務所に詰めていたというから、仕事は忙しかったようである。9月には刑事事件を担当して東京地方裁判所の法廷に立ち、この時には「日本ではじめて女が法廷に立った」と新聞でも報道され話題になっている。

中田正子も事務所や先輩弁護士から仕事を分けてもらいながら、弁護士活動をつづけていた。また、雑誌『主婦の友』で法律相談を担当するようになり、相談の手紙が毎週100通以上も届いていたという。なかでも最も多かったのが男女問題、離婚や婚外子の認知などで悩みを抱える女性たちからの相談が寄せられていた。

12月になると日本海軍がハワイ真珠湾《しんじゅわん》を奇襲攻撃してついにアメリカとの戦争が始まり、個人の権利を主張して訴訟を起こすのはいっそうはばかられる雰囲気になるのだが、正子のもとに届く悩み相談の手紙が減ることはなかったという。

この世に男と女がいる限り、その間に争いや問題が起こらぬはずがない。弁護士の仕事がなくなることはない。実際、久米愛や中田正子は戦時下でも忙しく働いていた。なぜ嘉子だけが仕事にあぶれていたのか？　所属していた弁護士事務所など職場環境の違いもあるので一概には言えないのだが……最も大きな要因、それは、他のふたりとのモチベーションの差にあったのではないかと思えてくる。

久米愛は弁護士を生涯の仕事として考えていた。弁護士資格の取得はその通過点でしかない。また、探究心旺盛《おうせい》な学者肌の中田正子は資格取得後も法律への興味は衰えず、それを実社会で役立てる弁護士の仕事に面白さとやり甲斐《がい》を感じるようになっていた。

しかし、嘉子には弁護士資格の取得という目標を達成した後は、その先につづく目標が見えてこない。

弁護士の仕事が激減していた時代である。ただ待っているだけでは、新人にまわってくる仕事などそうはない。だが、彼女が積極的に仕事を求めて行動した形跡は見られない。それどころか、先輩弁護士から「強姦《ごうかん》事件の被告の国選弁護を引き受けないか？」と仕事をまわされた時に、

「弁護の余地がありません」

と、断ってしまったこともある。

卑劣な強姦犯に情状酌量の余地はない。自分の正義に反する者の弁護活動をすることに拒絶反応があったという。信念に従ったといえば聞こえはいい。しかし、そのことによって先輩たちから「仕事を選《え》り好みする生意気な新人」と見られたりしないだろうか？　仕事が休止状態に追い込まれたのは、そういったところにも原因があったのかもしれない。

自宅暮らしのお嬢様、仕事がなくても金で苦労することはない。目標を見失ってモチベーションが低下した状態では、積極的に動く気にもなれなかったのだろう。

嘉子はまだ覚醒《かくせい》していない。

何事にも真っ先に飛び込む積極性、周囲を巻き込んで突き進む。学生時代にはパワーあふれる言動から〝エネ子さん〟と呼ばれていた。法曹界でもそんな彼女の姿が見られるようになるまでには、もう少し時間がかかる。

また、弁護士資格取得後の嘉子の関心事は、仕事と別のところにあったようだ。昭和16年（1941）11月に彼女は結婚している。結婚に伴う準備には多くの時間とエネルギーを要する。独身から夫婦になれば生活環境も大きく変わるから、どうしても意識はそちらに向いてしまう。

目標ができるとそれに向かって脇目《わきめ》もふらず邁進《まいしん》するのが嘉子の常。それは、ひとつのことしかできないという欠点にもなる。仕事と家庭の両立は難しかったか？　誰もが認める秀才なのだが、案外、不器用な人だったように思える。

「たまたま私自身の結婚や育児の時期に重なったこともあり、弁護士活動は開店休業の状況になってしまった」

著書『女性法律家』の中でもこのように語っている。弁護士活動の低調は時代の状況や仕事へのモチベーションにくわえて、こうした事情が大きかった。

女性が仕事と家庭を両立させるのは難しい。多くの職業婦人がその壁に阻まれ挫折《ざせつ》している。それは現代になっても解決されず、嘉子も後にこの問題に取り組んで働くことになる。あるいは、この時の経験から色々と思うところがあったのかもしれない。

女学校時代には、恋愛や結婚に憧れて友人たちと恋バナに花を咲かせたこともある。弁護士を志すようになってからは、その思いを封印して勉強に没頭してきた。しかし、結婚を諦めていたわけではない。「私は結婚しない」などと彼女の口から発せられたことは一度としてなかった。

思いを封印していただけ。目標を達成すれば、その封印も解ける。両親や知人たちも彼女の心境の変化を察し、婿探しに奔走したようだ。

だが、条件の良い縁談話がない。法律を学ぶ女性が「恐ろしい」といわれた時代だけに難しい。また、弁護士の研修を終えた時にはすでに26歳になっていた。当時、女性の結婚適齢期は23歳頃。それにくわえて、日中戦争が始まってからは若い男性が次々に召集され、結婚適齢期の男女比はいびつなものになっていた。結婚相手を見つけるのは至難の業だっただろう。

「当人も結婚話とは縁遠くなり、周囲をながめて最も好人物であった和田芳夫と結ばれたのは二八歳の時です」

『追想のひと三淵嘉子』のなかで、嘉子の実弟・武藤輝彦が結婚の経緯についてこのように語っている。

和田芳夫は嘉子の父・武藤貞雄が中学校時代から仲良くしていた友人の親戚《しんせき》だった。武藤家では郷里・丸亀から上京してきた若者を住まわせて世話していたのだが、彼もその中のひとり。苦学して明治大学夜間部を卒業し、貞雄が関係する会社に就職した後も武藤家に住みつづけていたという。長く同じ屋根の下で暮らしていただけに、ふたりは昔から気心の知れた仲ではある。

しかし、手近なところで妥協したというわけではない。芳夫は努力家で優しい性格であり、貞雄やノブからは好人物として気に入られていたようだ。以前から花婿候補として目をつけていたフシもある。花婿の最有力候補として温存し、嘉子がその気になるのを待っていたのかもしれない。

恋愛結婚なのか、親や周囲から結婚を勧められた見合い結婚に近いものだったのか。輝彦の証言だけでは、そのあたりははっきりしない。しかし、何事も民主的に本人の意思を尊重するのが武藤家の家風。嘉子が望んだ結婚相手だったことは間違いない。芳夫のほうはどうだったか、彼が嘉子のことを異性としてどう思っていたのか？それに関する資料は見つからない。寡黙で思慮深く、慎重に判断する性格だったといわれる。「気が弱そう」といった印象を抱く人もいたようだ。嘉子とは真逆のタイプ。欠点を補いあう良い組み合わせには思える。お互い自分にないものをもつ相手に惹《ひ》かれあう。そういった感じだったろうか？

人生初にして最大の苦難を味わう

嘉子は和田姓となり、新婚夫婦は実家を出て池袋《いけぶくろ》にアパートを借りて暮らした。結婚してから約1ヵ月後には太平洋《たいへいよう》戦争が始まり、軍ではさらに多くの兵士が必要になっていた。30歳近い予備役も次々に召集されるようになる。が、芳夫は肋膜炎《ろくまくえん》（現在は胸膜炎と呼ばれている）の病歴があることで徴兵を免れていた。

肋膜炎は肺の外部を覆う胸膜に炎症が起こる病気で、原因のひとつに結核菌感染がある。徴兵検査の合格者は甲種、乙種、丙種に区分され、結核菌感染と関連する病歴のある者は丙種に振り分けられる。平時に徴兵されるのは甲種と乙種だけ。戦時でも丙種の者が徴兵されることはまずありえないというのが、これまでの常識だった。

毎日のように街のどこかで、出征の兵士を見送る万歳三唱の声が響いていた。その声の数だけ、一家の大黒柱を兵隊に取られて寂しさと不安にさいなまれる家族がいる。戦死報告が届く家も増えていた。それを横目に少し後ろめたさを感じながらも、嘉子は夫との幸福な日々を過ごしていた。それから1年余りが過ぎると、ふたりにはさらにうれしい出来事が起こる。嘉子の体に新しい命が宿ったのである。

昭和18年（1943）1月1日に長男・芳武が生まれた。前日の大晦日《おおみそか》には大本営がガダルカナル島からの撤退を決定し、翌1月2日にはニューギニア東部にある戦略拠点ブナに駐留する日本軍が全滅。戦局の不利が明らかになってきた頃である。物資はますます欠乏し、空襲に備えた防火訓練がさかんにおこなわれるようになった。人々は勇ましく軍歌を唄《うた》って「鬼畜米英」を叫ぶが、その多くは周囲の目を気にして同調圧力にあわせているだけ。戦争の勝ち負けよりも、今度の配給はいつになるだろうか？　と、米びつの減り具合のほうが気にかかる。

対米開戦当初は大本営発表を鵜呑《うの》みにして楽観していた国民も、この頃になると日本の劣勢を悟り始めている。東京が空襲される。それも現実味をおびてきた。公の場でそんな不安を口にすれば「非国民」のレッテルを貼られかねない。しかし、家族や親しい者たちの間では、安全をどうやって確保するかについてよく話されるようになっていた。生まれたばかりの赤ん坊がいれば、不安はさらに大きい。それについて実家とも相談したのだろう。芳武が生まれるとすぐに、嘉子たち夫婦は実家に戻って父母たちと同居することになった。

貞雄やノブにとっては初孫である。それだけに大甘であれこれと世話を焼く。嘉子にとってふたりは実の親、気を遣うことなく子育てを手伝ってもらうことができる。不安や労力はかなり軽減されて、のびのびと過ごすことができただろう。独身時代の頃から実家では、弟たちが恐れる「ゴッド・シスター」として君臨していた。結婚後も実家に戻ってからはそんな感じだったのだろうか？

一方、芳夫にとっては書生として居候していた家である。家主の家族には常に気を遣って暮らしていたはず。その感覚が染みついていただろう。それだけに言いたいこともも言えず、妻の尻《しり》に敷かれていたのでは……などと、勘繰ってしまう。彼についての資料がみつからず、そのあたりは想像で埋めるしかない。サザエさんの家に同居する夫のマスオさん。そんな感じだろうか。まあ、それも悪くはない。大家族が集まるにぎやかな茶の間、幸福な団欒《だんらん》のシーンが思い浮かぶ。

昭和19年（１９４４）になると、都市部では建物疎開が始まった。空襲による火災の延焼を食い止めるために、あらかじめ建物を取り壊して防火帯を作ることを目的としたものだ。戦前の昭和12年（１９３７）４月に制定された防空法に基づく措置で、東京では５万５０００戸が取り壊された。

嘉子たちが住む家もその対象となる。そのため2月には近隣の高樹町《たかぎちょう》に家を借りて引っ越している。笄町の屋敷と比較すると、かなり小さな家だったという。しかし、狭いながらも楽しい我が家。愛する人々と一緒に暮らす日々に変わりはない。

この頃には中高年の予備役や丙種合格者も根こそぎ召集されるようになっていた。芳夫にも6月に召集令状が届いたのだが、この時も肋膜炎の病根が見つかり、すぐに召集解除されて家に帰された。同月には嘉子の実弟である武藤家の長男・一郎《いちろう》が召集され、沖縄の部隊に送られた。その道中に輸送船が沈没して、一郎は亡くなっている。それだけに、夫が召集された時には生きた心地がしなかっただろう。しかし、正式に兵役不適格者と認められて戻された。これでもう兵隊に取られることはないと安堵《あんど》していたのだが……。

芳夫が召集解除となった6月には米軍がマリアナ諸島に侵攻し、7月にサイパン島が陥落した。米軍は占領した島々で航空基地の建設を進めている。これが完成すれば、東京を含むほとんどの都市がB29長距離爆撃機の攻撃圏内になる。空襲の恐怖が現実化してきた。また、10月にはフィリピンのレイテ島にも米軍が上陸し、台湾や沖縄などにも敵機の襲撃が頻発していた。南方から日本へ資源を輸送するシーレーンが寸断

昭和18年（1943）に撮影された建物疎開の様子（毎日新聞社提供）

され、国内の物資不足はさらに深刻になっている。

戦況が劣勢になってきた前年の御前会議で「絶対防衛圏」が定められた。戦争継続のため必要不可欠の支配領域を決めて地図に線引きし、その内側には絶対に敵を入れない防衛体制を構築するというものだが、敵はその絶対防衛圏を突破して日本列島に迫っていた。絶対防衛圏の内側に敵を入れてしまえば、もはや戦争継続は不可能……。誰もが解っていることだった。しかし、軍や政府、国民も「停戦」や「降伏」を口にする勇気がない。

誰も「止めよう」とは言えず、惰性のように戦いがつづく。もはや軍需物資や人的資源はほぼ尽きていたのだが、常軌を逸した上層部は国力を最後の一滴まで絞りつづけて戦争を継続しようとする。

兵士に不適格とされた者も戦場に送られるようになった。近所を散歩するだけで息を切らすような老兵が、重い装備を担いで戦場を走らされる。芳夫のような病歴のある者も同様、次々に戦場へ送られた。いれば何かの役には立つだろう、と。

昭和20年（1945）1月、芳夫に再び召集令状が届く。今度は召集解除とはならず、兵営に入って戦場へ赴くための教練を受けることになった。体の弱い夫が軍隊の厳しい生活に耐えられるだろうか？　心配になる。また、各地の戦場では部隊の全滅が相次いでいる。戦場に行けば戦死する確率が極めて高い。夫と永久に離れ離れになるなんて、想像しただけでも恐ろしい。

この後、嘉子には苦難が度重なる辛《つら》い日々がつづく。これまで彼女は何不自由なく幸福に暮らしてきた。人の運には限りがあるのか、持っていた運をすべて使い果たしたかのように、人生は暗転する。

芳夫の召集から2ヵ月後、3月10日には300機を超えるB29の大編隊が飛来して下町地域を焼け野原に変えてしまう。後に「東京大空襲」と呼ばれ、10万人を超える死者がでる悲劇を生んだ。

このまま東京にいると命が危ない。同月、嘉子は2歳の芳武と戦死した弟・一郎の妻子と一緒に福島県の坂下《ばんげ》（河沼《かわぬま》郡会津《あいづ》坂下町）へ疎開した。5月25日には山の手方面にも大規模な空襲があり、爆弾や焼夷弾《しょういだん》をばら撒《ま》く無差別爆撃がおこなわれているからその判断は正解だった。空襲によって嘉子が住んでいた高樹町の借家は焼失、青春時代の思い出がいっぱい詰まった街並みも廃墟《はいきょ》と化してしまった。

嘉子が疎開した坂下は会津盆地西部に位置し、田園と山林が広がる人家もまばらな農村だった。都会の生活しか知らない彼女には、不便や驚きを感じることばかり。

これまでは夫や父母がいて、様々なことでサポートしてくれた。金も地位もある貞雄の庇護《ひご》があれば、物資不足の世でも生活に不安を覚えることはなかった。海外からの輸送が途絶えた戦争末期の頃でも、金さえ出せば必要なモノは闇市ですべて手に入れることができた。やっぱり温室育ちのお嬢様。そう言われても仕方がない。

しかし、いまはその温室を追われて、何もない田舎の村に放置されてしまった。頼りにしていた人々は遠くに離れて、困難はすべて自分の手で解決しなければならない。嘉子にとっては人生ではじめて体験する試練だった。

彼女たちが暮らした農家は、板張りの床にゴザを敷いただけの粗末な建物だったという。不潔でもあり、家の中はノミやシラミの巣になっていた。害虫の襲来で満足に寝ることができない。電気はなく夜は薄暗いランプの下で過ごした。それも燃料不足から長い時間は灯《とも》すことができない。ラジオを聴くこともできず、音のない暗闇の中だと夜がいっそう長く感じられた。

ガスや水道も通っていない。顔や手を洗うにも、いちいち井戸水を汲《く》み上げねばならない。三度の食事や茶を飲む際には薪《まき》や炭を燃やす手間がいる。当時は配給のマッ

会津坂下から望む磐梯山（福島県会津坂下町）

チの数が厳しく制限されており、失敗すれば炊事ができなくなることもあった。

火熾《お》こしに慣れていない都会者はそれだけで苦労する。また、寝具が満足にそろっておらず、暖房器具は囲炉裏くらい。疎開したのは3月だった。山里にはまだ雪が残る頃、隙間だらけの壁から冷たい夜風が吹き込んでくる。幼い子どもに風邪を引かせては一大事。ツテのないこの田舎で薬を入手するのは困難だ。幼児が体調を崩せば命にかかわる。毎日、気が気ではなかった。

さらに大変なのは食料の確保である。自分の田畑を所有する地元民は自給自足で暮らすことができる。よそ者の嘉子たちは配給に頼って生きるしかないが、それだけではとても足りない。


終戦後もしばらくの間は食糧難で主食の配給制度はつづき、都市部に暮らす人々は不足する食料を闇市や農村部への買い出しで確保していた。が、それは違法行為。見つかれば食糧管理法違反として厳しく取り締まられる。これを裁く裁判官たちも、法と人情の間で苦悩していたようだ。

昭和21年（1946）に食糧管理法違反で検挙された被告の裁判を担当した山口良《やまぐちよし》忠《ただ》裁判官は「違法行為を裁く自分が法を犯して闇米を食べるわけにはいかない」と、

山口良忠裁判官とその家族（毎日新聞社提供）

配給品の食料と自宅の庭で栽培したわずかな芋だけを食べて生活したという。

すると、翌年の8月には栄養失調になって裁判所内で倒れてしまった。その2ヵ月後には栄養失調に伴う肺結核を併発して33歳の若さで亡くなっている。配給の食料だけでは生きてゆけない、生きるためには法を犯さなければならない。そのことが証明された悲惨な出来事だった。

嘉子も自分や息子が生きるために、配給だけでは不足する食料を入手しなければならない。そのため農家の手伝いをして、作物を分けてもらっていた。クワをふるって畑を耕す。初めて経験する肉体労働に足腰が悲鳴をあげる。泥に汚れた手にはいくつも血豆ができた。

辛《つら》い。が、やめることはできない。働かなくては生きていけない。しかし、この過酷な労働で得られる報酬は少なく、今日を生きるのが精一杯。また、明日の食料を得られるという保証はなく、働けども働けども明日への不安が心に重くのしかかってくる。それが畑仕事の疲れを何倍にも感じさせる。

夫の死、思い描いた夢が瓦解する

昭和20年（1945）8月15日、日本はポツダム宣言を受諾して降伏した。終戦後すぐに嘉子は疎開先から引き上げている。空襲を生き延びた父母が、川崎市《かわさきし》登戸《のぼりと》にある会社の社員住宅に住んでおり、そこに同居することにした。

汽車の切符を手配して川崎に着いた時には、終戦から約1ヵ月が過ぎていた。その間に世の中は激変している。情報が入ってこない田舎の農村で、生きるために必死で農作業に明け暮れていた彼女は浦島太郎《うらしまたろう》のような気分。世の様変わりに驚いたことだろう。

新聞の検閲がなくなり、この数年来は目にふれることがなかった「自由」「民主主義」といった活字が紙面のあちこちに見られる。文化欄なども充実して記事の内容が多彩になった。また、ラジオからは戦意高揚目的の軍歌や戦時歌謡が消えて、それに代わり戦時下で退廃的として排除されていた戦前の歌謡曲が流れている。女学生の頃から歌が大好きだった嘉子にとって、これは嬉《うれ》しい変化だ。冬が近づいてくる頃には、戦後歌謡のヒット曲第1号となった『リンゴの唄《うた》』もよく聴かれるようになる。彼女はこの曲が大好きになり、すぐに歌詞を覚えて人前でもよく歌っていた。

電気もガスもない生活から脱して都会に戻ってきたが、しかし、ここの住環境もけして良好とはいえない。社員住宅に父母にくわえて弟たちも同居している。家の中は足の踏み場もない状態。部屋には人数分の布団を敷くことができず、皆が重なりあうようにして寝るしかない。それでも当時としてはまだマシなほうだった。

東京は空襲で家を失った被災民であふれている。さらに外地からは多くの人々が帰還していた。極度の住宅難で、借家をみつけるのは至難の業。多くの人々が焼け跡に粗末なバラックを建てて住み、瓦礫《がれき》の街で野宿しながら暮らす者も多かった。

プライベートな空間はどこにもない、現代人にはとてもストレスで耐えられそうにない環境。だが、戦争を生き抜いた者たちの心情は違う。戦火に追われて命からがら再会を果たした嘉子たち家族は、この過酷な状況にも幸福を感じていた。

窮屈ではあるが、愛する者たちの温《ぬく》もりが伝わってくる。もう空襲で命を奪われる心配もない。平和だった日々が戻ってきたのだ。あとは夫が帰ってくれば、すべてが元通りになる……と、その時を心待ちにしていたのだが。

芳夫は入隊後に中国の上海《シャンハイ》に送られた。そこから前線の戦場に向かうはずだったが、軍隊生活の無理がたたって胸の病が再発。日本に戻され長崎の陸軍病院に入院し、病院のベッドの上で終戦を迎えていた。

多くの兵士が除隊して故郷に帰ってくる。東京でも復員兵の姿がよく見かけられるようになっていたのだが、芳夫の病状は重く、ベッドから起きあがることができずに入院生活がつづいていていた。夫の様子は気にかかるが、会いに行くことは難しい。戦災で疲弊した鉄道網は、旅客需要に見合うだけの列車を走らせることができず、切符の入手は困難だった。

嘉子は夫の回復を祈り、帰りを待ちつづけた。しかし、その願いは叶《かな》うことなく、昭和21年（1946）5月23日、芳夫は長崎の陸軍病院で死亡してしまう。

病院は危篤の電報を打って家族を呼び寄せようとしたのだが、それが届けられたのは芳夫の本籍地である四国の丸亀の実家。嘉子のもとに連絡があった時には、すでになきがらは荼毘《だび》に付されていた。もう二度とその顔を見ることはできない。

芳夫の死を知った時、嘉子は号泣したという。もともと感情の起伏が激しい激情家。後に裁判官になってからはそれを人前では見せないように努めたが、この時は隠すことなく大泣きした。しばらくの間、感情のたかぶりを抑えることができず、涙で顔をむくませ意気消沈した彼女の姿を多くの人が目撃している。

思い描いていた幸福な未来、夫や息子と仲睦《なかむつ》まじく暮らすという夢がついえてしまった。これからどう生きればいいのか。何も見えてこない。

第五章　嘉子の覚醒

家族のために再起

明治大学では昭和19年（1944）に専門部から女子部を切り離し、名称を明治女子専門学校に変更していた。その年に嘉子は助教授として迎えられている。女子部を存亡の危機から救った恩人であり、彼女に憧《あこが》れ法律家をめざして入学する女性は多い。教鞭《きょうべん》を執ってもらえば宣伝効果が十分に期待できる。

芳武が生まれて1年が過ぎており、体調も元に戻って働ける状態だった。が、弁護士業はあいかわらず開店休業状態。暇を持て余していたようだ。母校愛の強い彼女だけあって、大学側から申し出があればそれを断る理由はなかったのだろう。

終戦後も、疎開先から帰ってくると再び教壇に立つようになった。登戸から駿河台の明治大学まで、空襲で痛めつけられた鉄道の速度は遅く、事故や故障が日常茶飯事。客車の窓はあちこち割れて床には穴が空いていたりする。車内は買い出しなどの大きな荷物をかかえた人であふれ、体臭や食物から発する臭いが充満して息がつまる。近距離の移動でも現代のようにはいかず、苦渋を強いられた。

夫の病死が伝えられてからも、講義のほうは休むことなく、満員電車に揺られて大学に通いつづけた。

その心の内には後輩を指導する責任感、悲しみを忘れるための逃避、等々。様々な思いが錯綜《さくそう》していたことだろう。また、未来を再構築しようという前向きな感情も芽生えはじめていたのではないか?


夫が復員してくれれば、大学を辞めて専業主婦になり子育てに専念しよう。2人目の子どもを授かることだってあるかもしれない。愛する夫と子どもたちに囲まれて幸福な家庭を築く。と、そんな未来を想像していた。しかし、それはもはや叶《かな》わない夢。

この先、何をめざしてどのように生きてゆけばいいのか、途方にくれる。

いつまでも父母に頼ることはできない。1950年代頃、日本人の平均寿命は60歳といわれていた。当時、多くの企業では55歳が定年。貞雄は終戦の翌年に還暦を迎えていたから、当時としては〝老人〟といって差し支えない年齢になっていた。また、同居する弟たちのうち次男・輝彦は軍隊から復員してきたばかり、他のふたりの弟もまだ学生でこちらにも金がかかる。

息子の芳武だけではない。父に代わって自分が一家の生活を守らなければならない。

と、しだいにその思いが強くなっていた。そのためには仕事をしなければならない。働かなければ生きることができないことは、過酷な疎開生活で骨の髄まで思い知らされた。息子のため、家族のために嘉子は大学の教壇に立ちつづける。

日本初の女性弁護士である嘉子は、もはや学生たちにとって生きる伝説。法律を学ぶ女子学生たちがめざす未来像が、教壇に立って講義をしているのだ。嘉子の言葉を聞き漏らすまいと必死にノートを取りながら、熱い視線を向けてくる。教室内のはつらつとした空気に嘉子の傷心は少しずつ癒《い》やされていった。

しかし、夫の死につづいて悲劇がまた彼女を襲う。治りかけた傷口に塩をこすりつけられたような気分だったろう。

昭和22年（1947）1月19日に母・ノブが亡くなった。何の予兆もなく突然に。母は老いても元気で、家事をよくこなし孫の世話をしながら過ごしていたのだが、庭先で洗濯物を干している時に突然倒れて、そのまま亡くなってしまったのである。脳《のう》溢血《いっけつ》による突然死だったという。

嘉子が家の中で唯一敵《かな》わない相手が母だった。お転婆や無作法なことをやらかしてよく叱られた。しかし、口うるさいのは自分を心配してくれているから。小言を言いながらも親身になって色々と世話を焼いてくれる。そこには深い愛情も感じていた。

また、悲劇はこれだけでは終わらない。同年の10月28日には、ノブの後を追うようにして父・貞雄も亡くなってしまう。貞雄は酒が好きだった。ノブがいなくなってからは悲しみを酒で忘れようとしていたのか、酒量がかなり増えていた。その死因は肝硬変によるものだったという。


激情家の嘉子だけに、夫を亡くした時と同様に号泣したはず。だが、泣いてばかりはいられないことも悟っている。これからは父母に代わって、自分が家族の面倒を見ないといけない。ますます責任を感じるようになっていた。

そのためには兎《と》にも角にも、仕事をつづけることだ。しかし、仕事にやり甲斐《がい》を感じることができなければ、それを生涯にわたってつづけるのは無理。どこかで萎《な》えてしまうだろう。いまの教授の仕事はどうか、それだけで自分の仕事に対する欲求を満足させられるだろうか？　そう考えるようにもなっていた。

学生たちと触れあう日々の中、法律を学び始めた頃のことを思いだす。法律の知識を使って人々の役に立つことをやってみたいと、かつて漠然と考えていたこと……。自分にはそれが向いているような気がする。それが天職なのかもしれない、と。

女性裁判官採用の可能性

「戦後、出征していた夫が引揚途次に戦病死したので私は経済的自立を考えなければならなくなった。それまでのお嬢さん芸のような甘えた気持から真剣に生きるための職業を考えたとき、私は弁護士より裁判官になりたいと思った」

『追想のひと三淵嘉子』の中で本人が語っている。夫が亡くなった頃から、それについては考えていたようだ。

原告と被告の言い分をよく聞き証拠を調べたうえで、これを法に照らしあわせて公正中立な立場で判断を下す。それが裁判官の仕事だ。審理を進めるにあたっては司会者的な役割もある。学生時代からリーダーシップを発揮してクラスをまとめてきた嘉子には、その適性がありそうだ。

そのことについては法律家を目指した頃から、自分でも少し考えていたようである。が、当時の司法官試補採用の告示には「男子に限る」という文言があった。女性だからという理由で、自分に向いていそうな仕事に就けない。司法科試験の会場ではじめてその事実を知った時のことを思いだすと、いまも怒りが込みあげてくる。

しかし、時代は変わった。昭和21年（1946）11月3日に公布された日本国憲法は、民主国家としては当然のことである「男女平等」を保障している。新憲法施行後はそれにあわせた法整備が進み、女性の社会的地位は格段に高まってゆくだろう。女性への職業差別は撤廃され、いずれは女性の裁判官や検事も誕生するだろう。

その根拠も得ていた。嘉子は戦後間もない頃に司法省（昭和27年「法務省」に改称）の役人と面談した時、

「戦前はなぜ女性を行政官に採用しなかったのですか？」

昔から疑問だったことについて問うたことがある。するとその役人の口から、

「女性を不採用とする法律上の規定は、当時も存在しませんでしたよ」

と、意外な答えが返ってくる。しかし、戦前の民法では結婚している女性が仕事をする場合、夫の同意が必要とされていた。夫の同意がなければ何もできない「無能力者」として扱われていたのである。無能力者に国の重要な仕事である行政官や裁判官は任せられない。と、それが女性を裁判官や判事にしない理由だったという。

役人の説明を聞いた嘉子は、日本に女性裁判官が誕生する日は近いことを確信するようになった。男女平等を保障した日本国憲法のもとで、それには不具合な戦前の民

法はまもなく改正されるだろう。妻が自分の意思で自由に働くことができるようになれば、女性裁判官の採用を阻んでいた障壁は取り払われる。

弁護士の研修を終えてその資格を有している者ならば、裁判官や検事になることもできる。

「自分には裁判官になれる資格があるはずだ」

と、長い眠りから覚めた嘉子は、出現した目標に向かって突き進む。憲法が公布されてから約4ヵ月後の昭和22年（1947）3月、彼女は民法の改正を待たずに司法省人事課に出向いて裁判官採用願を提出している。

戦前から三権分立の原則はあったのだが、裁判所の人事を含めた司法行政権はすべて司法省が握っていた。司法省でも日本国憲法に男女同権が明記されていることの意味、それは当然理解している。しかし、裁判官採用願を出してきた女性は嘉子がはじめて。これをどう処理したらいいものかと、人事課の担当者は悩んだようだ。

頭では理解しても、はじめてのことには腰が引けて実行をためらうのが役人気質である。自分では判断することができず、東京控訴院長の坂野千里《ちさと》に嘉子を面接させることにした。

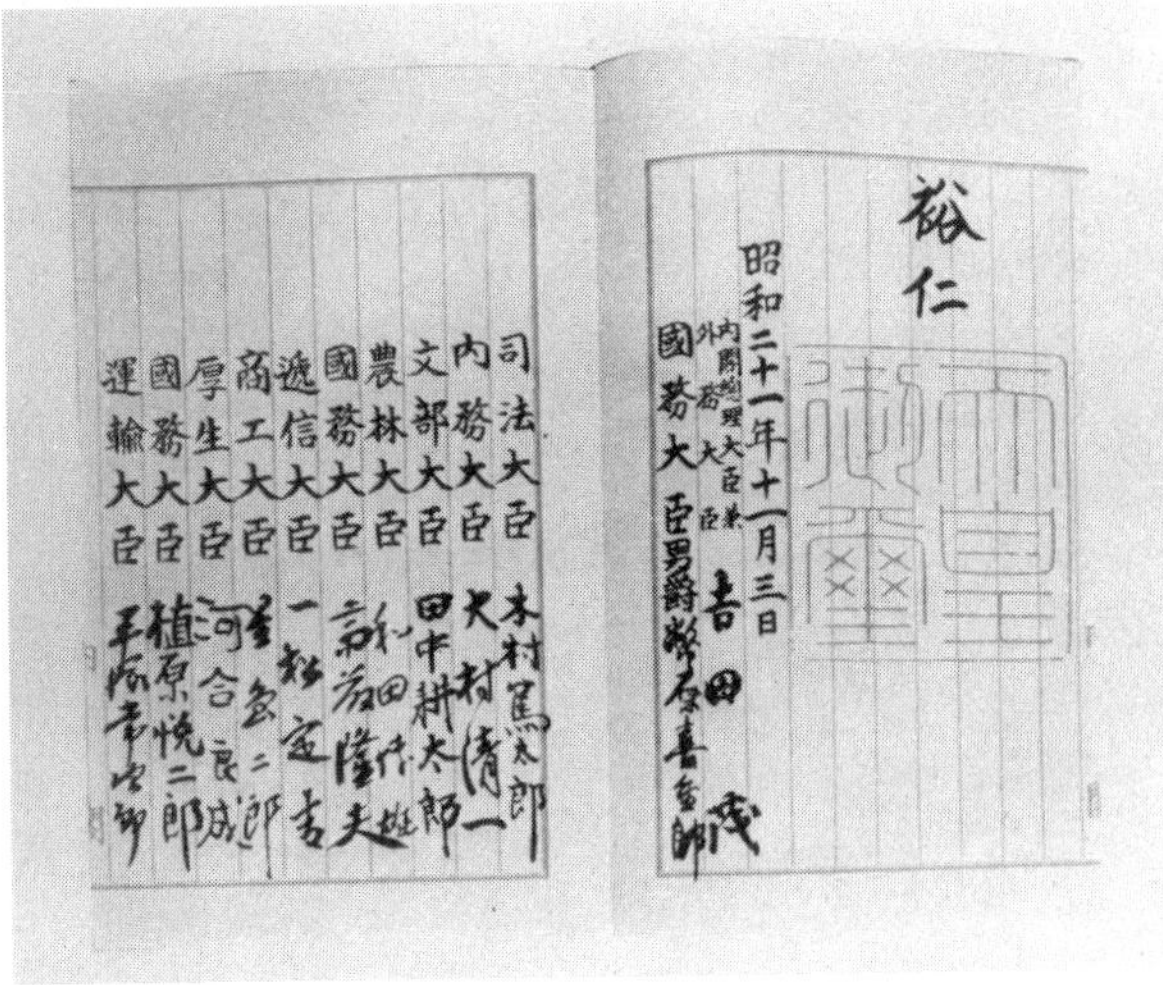
裕仁

昭和二十一年十一月三日

内閣總理大臣兼外務大臣 吉田茂

國務大臣男爵 幣原喜重郎

司法大臣 木村篤太郎

内務大臣 大村清一

文部大臣 田中耕太郎

農林大臣 和田博雄

國務大臣 斎藤隆夫

遞信大臣 一松定吉

商工大臣 星島二郎

厚生大臣 河合良成

國務大臣 植原悦二郎

運輸大臣 平塚常次郎

新憲法公布の詔書。天皇と大臣の署名がある（毎日新聞社提供）

控訴院は旧憲法下の裁判所のひとつで、現在の高等裁判所に相当する。そちらに委《ゆだ》ねたのである。そして、彼女を面接した坂野院長は、
「女性裁判官が任命されるのは、新しい最高裁判所の発足後のほうがいいでしょう。しばらくの間は、司法省の民事部で勉強しなさい」
との判断を下した。女性裁判官の任用には時期尚早ということか。

新しい憲法にあわせて裁判所法の改正もおこなわれている。大審院を廃して最高裁判所を設置し、司法省が持っていた司法行政権は最高裁判所に移管されることになっている。裁判所を司法省から独立させて、三権分立の原則を完全に機能させるための措置だった。

戦前は全国7ヵ所の控訴院の他に司法省裁判所、司法省臨時裁判所、府県裁判所、区裁判所など様々な種類の裁判所が置かれていたのだが、こちらも最高裁判所を頂点に高等裁判所、地方裁判所及び家庭裁判所として整備再編されることになる。その作業で司法省や大審院は大忙しのようだった。女性裁判官を配属すれば、その対応にも追われるだろう。この時期にそんな面倒事は避けたい。

また、嘉子のスキルも疑問視されていたようだ。司法官試補の研修を受けていない

者をいきなり裁判官に任命するわけにはいかない。まずは司法省民事部で仕事をして、裁判官に必要な知識を身につけてもらう。そうするうちに、裁判所の整備事業もひと段落して、女性裁判官を受け入れる余裕もできるだろうということか。

嘉子は昭和22年（1947）6月から司法省民事部に勤務するようになる。

桜田門《さくらだもん》南方の桜田通りには戦前から司法省と大審院、海軍省などが並んで建っていた。いずれも明治期の官庁集中計画により整備された庁舎で、赤煉瓦《あかれんが》の建造物が連なる眺めはじつに壮観。旧司法省庁舎は現在は法務図書館等に使用されており、東京駅と雰囲気がよく似たネオ・バロック様式の建物は「霞《かすみ》が関《せき》の女王」と呼ばれている。その建築美は通りを歩く人々の目をいまも楽しませているのだが、嘉子が勤務していた頃の眺めとはかなり違う。

戦時中には霞が関周辺の官庁街も激しい空襲を受けた。多くの庁舎が爆弾で破壊され、司法省庁舎も被災している。当時はまだ酷《ひど》い状況だった。屋根や床は焼け落ちて赤煉瓦の壁だけが残り、まるで廃墟《はいきょ》のような眺めだったという。敷地内には瓦礫《がれき》の隙間に急ごしらえで粗末な仮庁舎が建てられていた。

嘉子は痛々しい戦争の爪痕《つめあと》が残る庁舎で、新しい民法の立法作業などを手伝うことになる。法律を学びはじめた頃、戦前の民法下では女性の地位があまりに低いことを知り愕然《がくぜん》となったものだ。自分が裁判官になれなかったのも、既婚女性を就労の自由がない「無能力者」としていた民法のせいだ。それだけに、男女平等の新しい民法ができることを喜び、その仕事に参加していることに誇りを感じていた。

また、この仕事を通じて多くの裁判官と話す機会にも恵まれて、先輩たちから裁判官のあり方や裁判の進め方などについても学ぶことができた。

「この間に学んだものが、その後の私の裁判官としての生き方の根幹になったと思う」

後になってから彼女はこのように語っている。有意義な時間を過ごしていた。

しかし、司法省に勤務して学ぶように言われた時には、かなり腹を立てていたようである。自分は司法科試験に合格した有資格者であり、弁護士としての実務経験もある。何をいまさら司法科試験に合格したばかりの者と同じに扱われて、研修のようなことをせねばならないのか、と。

だが裁判官になるにはそれに従うしか方法はない。まあ、給料が出るだけでもマシ。

旧・司法省庁舎（東京都千代田区）

そう思って我慢したのだが。結果的には、短気を起こさずに坂野の言うことに従ったのは正解だった。闇雲に突っ走るだけではない、立ち止まってよく考え我慢することもできるようになっている。彼女は戦時下で辛酸を舐《な》め成長していた。

「女性裁判官第一号」

最高裁判所に隣接して、嘉子が弁護士時代に所属した第二東京弁護士会があった。また、新人弁護士の頃に働いていた弁護士事務所も近い。彼女には勝手を知った場所だったのだが、終戦後はこの界隈《かいわい》の様子も大きく変わっていた。

司法省の裏手にある日比谷《ひびや》公園を囲む真鍮《しんちゅう》製の外柵《がいさく》は、戦時下の金属供出ですっかり取り払われていた。園内の花壇も食料増産のための芋畑に。園の中央にあった池は節水で涸《か》れ果て、東京名所の絵葉書に描かれた「鶴の噴水」は撤去されたまま。また、園内の料理屋「松本楼《まつもとろう》」は進駐軍に接収されて兵士の宿舎になっていた。

司法省庁舎から堀沿いに歩いてすぐの場所には、連合国総司令部が置かれた第一生命館がある。そのため付近では米兵の姿がよく見かけられた。

銀座に足を向けると、空襲で焼け残った服部《はっとり》時計店や東京宝塚劇場などは進駐軍に

日比谷公園内にある、現在の松本楼（東京都千代田区）

接収されて米兵の福利厚生施設になり、道路を行き交うのも米軍のジープだらけ。銀座通りは「GINZA AVE」などと、道路標識は米兵たちが覚えやすいようにすべて英語名に変更されていた。

わずか数年見ない間に、街の眺めは一変していた。知らない場所に迷い込んだようで、唖然《あぜん》としてしまう。

しかし、世の変貌《へんぼう》に驚いてばかりもいられない。毎日忙しかった。連合国総司令部からは、諸法の改正を求めて矢の催促がある。なかでも占領軍が重視し注目したのが民法の改正。日本に民主主義を根付かせるためにはまず、封建的・全体主義的な昔の慣習を排除せねばならないと彼らは考えている。その最大の障害になるのが、戸主に絶対的な権限を与えて家族を支配させた旧民法下の家制度だった。

嘉子の机のまわりでは、いつも大勢の人々が書類の束を抱えて足早に行き交っていた。司法省の中でもとくに騒々しく忙しい部署だったが、ここから日本の民主化が始まる。そう思えばやり甲斐《がい》もうまれてくる。

そして、昭和22年（1947）12月22日には、日本国憲法に基づいて改正された民法が完成する。戦前の民法にあった妻の行為能力を否定した条文については、完全に削除される。

戸主が絶大な権限を持って妻や子どもたちを支配する、昔ながらの「家」の形にこだわる人々がこの頃はまだ国民の大多数を占めていた。そんな人々の感情に配慮し、政界などの抵抗勢力とも妥協を図りながらの難産だった。この仕事に携わることができたことで、嘉子は心地よい達成感を味わっていた。しかし、新しい民法の下で女性の地位が急速に向上したことには躊躇《ちゅうちょ》も覚える。

権利を有する者には、それに相応した自覚と責任が求められる。突然に大金を得て金持ちになった者は、金の使い方がわからず散財し〝にわか成金〟などと蔑《さげす》まれる。敗戦のショックで茫然《ぼうぜん》自失となっている間に、日本は民主主義の国になっていた。知らぬ間に、自由が降ってわいた……当時、大多数の女性たちは、そんな感じではなかったか？　いきなり与えられたものをどう使ったらいいのか分からない。

「はたして、現実の日本の女性が、それにこたえられるだろうか」

彼女は当時の心境を、このように語っている。

民法改正事業がひと段落した昭和23年（１９４８）1月、嘉子は司法省民事部から最高裁判所事務局に異動している。

前年の5月3日に日本国憲法が施行されると同時に最高裁判所が発足。司法省の隣にあった旧大審院の建物が、そのまま最高裁判所として使われることになった。嘉子は裁判所事務局内に設けられた家庭局に配属され、民事訴訟など家庭裁判所関係の法律問題や司法行政の事務を担当した。あいかわらず男性が圧倒的に多い職場だったが、

「女性であるために不快な思いをしたことは、一度もありませんでした」

と言う。むしろ年配の男性職員や裁判官たちにはかわいがられ、色々と気を遣ってもらえる。高学歴のインテリたちが集まる職場だけに、いち早く新時代にあわせた職場内の意識改革がなされたのだろうか。

あるいは、嘉子のキャラクターがそうさせたのかもしれない。見知らぬ相手でも物《もの》怖《お》じせず、ぐいぐいと距離を詰めてくる積極性はあいかわらず。女学生のように天真爛漫《らんまん》で憎めない。ふくよかな丸顔には笑顔がよく似合い、誰からも好感を抱かれる。だから先輩の裁判官たちも親身になって色々と教えようとする。教えられ上手。それも彼女がもつひとつの才能だろう。

最高裁判所で仕事をするうちに、嘉子は裁判官に必要なスキルをどんどんと身につ

最高裁判所（東京都千代田区）

けてゆく。それが認められて、昭和24年（1949）8月には東京地方裁判所民事部の判事補に任官された。

判事補という職位は裁判官の〝見習い〟といったところ。地方裁判所や家庭裁判所に配属されるが、原則として判事補が単独で裁判をすることはできない。裁判長に陪席して裁判に加わり、そこで10年程度の経験を積まされる。その後に判事に昇進し、一人前の裁判官として認められるのだ。

通常は司法修習を受けて判事補に任官される。戦後の司法修習制度は、戦前よりも期間が短縮されて1年程度となっていた。しかし、嘉子が司法省や最高裁判所で働きながら学び、判事補に任命されるまでには、おおよそ2年間を要している。

これなら司法修習を受けたほうが近道だったはずだが。司法修習が始まったのは、彼女が司法省に採用願を提出してから2ヵ月後のことだった。思い立ったのが少し早過ぎたようである。採用願の提出があと少し遅ければ、司法修習制度も始まっていたから、そちらで学ぶことになっていたかもしれない。

戦後第一期の司法修習生134名のなかには、石渡満子《いしわたりみつこ》と門上千恵子《かどがみちえこ》という2人の女性がいる。門上は嘉子と同い年で、九州帝国大学法文学部卒業後、母校の研究室に助手として勤務しながら法律の勉強をつづけた。戦時中の昭和18年（1943）司法科試験に合格。戦後になって女性も裁判官や検事になれる道が開かれたことを知り、司法修習を受けることにしたという。修習終了後は東京地方検察庁に入って、日本における最初の女性検事となっている。

石渡のほうは嘉子よりも9歳年上で、東京女子高等師範学校を卒業した先輩でもある。また、昭和19年（1944）に明治大学法学部を卒業しているから、大学では後輩になるというややこしい関係だ。石渡は高等師範学校を卒業後すぐ、婿養子を迎えて結婚したが、8年後には離婚している。その後に明治大学へ入学して法律を学ぶようになった。戦前のことだけに離婚に際しては色々と理不尽な目にもあったようで、それが法律家をめざす動機になったのかもしれない。

石渡は裁判官を志望し、司法修習を終えた昭和24年（1949）5月17日にその証書を受け取った。この瞬間に日本初の女性裁判官が誕生した。

嘉子が判事補に任官されたのはその3ヵ月後だから、日本で2番目の女性裁判官ということになる……。弁護士の時とは違って、裁判官で日本初にはなれなかった。それに関して彼女は何を思ったか？

「昭和二四年四月に、司法研修所で司法修習生としてはじめて男性と共に修習された石渡満子、門上千恵子両氏が判事補と検事に任官された。いずれも女性として最初の任官者である。これからが男女対等の女性法曹時代のはじまりというべきである」

著書『女性法律家』でこのように語っている。先を越された悔しさよりもむしろ、自分のほかにも〝女性初〟に挑み成功した者が現れたことを喜んでいる。仲間の存在を心強く感じていたようだ。

家庭裁判所への赴任を拒絶する

「あなたが女性であるからといって、特別扱いはしませんよ」

東京地方裁判所に配属されて早々に、仕事をともにする裁判長から言われた言葉である。女性裁判官を採用するにあたり、殺人や強姦《ごうかん》のような凄惨《せいさん》な事件を扱わせるのははばかられるという意見があったという。嘉子が民事部に配属されたのもそれが理由だったのか。なにしろ初めてのことだけに、裁判所内でもその扱いに困っていたようだった。

そんな空気は嘉子も察していた。この年の日本には2139名の裁判官がいたのだ

石渡満子（毎日新聞社提供）

が、その中で女性は嘉子と石渡の2人だけ。法服を着て裁判所の廊下を歩いているだけで注目され、誰もが腫《は》れ物に触るような態度で接してくる。男性の裁判官と同じには見てくれない。男女の壁を感じていただけに、裁判長の言葉は嬉《うれ》しかった。

「職場における女性に対しては女であることに甘えるなといいたいし、また男性に対しては職場において女性を甘えさしてくれるなといいたい」

これも『女性法律家』からの抜粋。壁を乗り越え、男女平等を達成するには男性の意識改革にくわえて女性の努力が必要だと痛感していた。

それだけに仕事にはいっそう熱が入る。大きな風呂敷《ふろしき》包みを抱えてあちこちに動きまわる嘉子の姿が、裁判所内でよく目撃された。忙しそうではある。が、いらだちを顔にだすことはなく、トレードマークの丸顔にはいつも微笑みを浮かべていたという。親しみやすい雰囲気は天性のものだが、職場では彼女が意識的にそうしていたところもあったようだった。

自分の立ち振る舞いが、女性裁判官全体のイメージになってしまう。今後は司法修習生の中から年に1～2人の女性裁判官が採用されると聞いている。女性裁判官に職場の男性たちが悪い先入観を抱かぬよう、後につづく者たちがやり易くなる環境をつくることも先駆者の役目と嘉子は考えていた。

やがて仕事にも慣れてくると、持ち前のリーダーシップや世話好きの性格が発動するようになる。

この頃には嘉子も酒がかなりいける口になっていた。職場の宴会にも積極的に参加して、アフターファイブも男性と同じように楽しむ。仕事終わりには、同僚たちと新橋《しんばし》あたりで酒盛りする姿が見かけられた。仲間たちの輪の中心で高らかに笑い、興が乗れば十八番《おはこ》の『リンゴの唄』を披露する。歌手顔負けの美声に皆が聞き惚《ほ》れて、酔っ払った同僚がアンコールを催促する。そんなシーンが目に浮かぶ。

酒席にまつわる彼女のエピソードは事欠かない。たとえば、こんな話がある。

東京地裁民事部に配属された判事補の歓迎会が催された時のこと。庁舎内の一室、薄暗い裸電球の下で各自が酒やツマミを持ち寄ってきたのだが、宴《うたげ》の主役である新人判事補は先輩たちに勧められるまま焼酎《しょうちゅう》をガブ飲みしてしまい、宴会が終わった頃には酩酊《めいてい》して意識が混濁していた。しばらくして冷たい夜風に触れて、彼がふと我に返ると……酔い潰《つぶ》れた自分を誰かが背負って駅の方向に向かっている。
正気に戻ってきた彼は、自分を背負っているのが嘉子であることを知り愕然《がくぜん》となる。しかし、まだ自力で歩けるような状態ではなく、そのまま日比谷公園を横切り日比谷交差点近くまで背負われつづけた。その時の彼女の背中から伝わってきた温《ぬく》もりは、いつまでも忘れることがなかったという。

困った者を捨ててはおけない。世話焼きな性格にくわえて、疎開先での農作業で培った体力に自信があったのだろう。しかし、女性が大の男を背負って歩くというのは、今も昔もめったに見られるものではない。この武勇伝は裁判所内でも評判になっていたようで、嘉子の存在感が増してゆく。

また、仕事でも一目置かれるようになる。法廷では裁判長の左右に2人の陪席裁判官が座る。裁判長は経験を積んだベテラン判事、陪席判事はキャリア5年以下の判事補が担当する。裁判官として研修を受けていない嘉子は当初、先輩たちの所作を見様見真似で立ち振る舞っていたという。しかしこれが……宴席と同様に、法廷でもじつに落ち着いて堂々としている。

「彼女はじつに肝が据わっている」

そう言って褒められた。高く評価されたのは法廷の態度だけではない。嘉子が書いた民事判決書をチェックした先輩裁判官は、その出来映えに舌を巻いた。結論がはっきりとして、誰が読んでも分かりやすい。

任官から約1年が過ぎた昭和25年（1950）5月、嘉子はアメリカへの半年の出張を命じられる。アメリカの家庭裁判所を調査する視察団のメンバーに加えられたのだ。新人判事補のなかでは有望株として評価されていたようである。

この出張旅行はサンフランシスコ講和会議が開催される以前のことで、当時の日本はまだ主権を回復しておらず外交機能は停止状態。外務省は自国民に対してパスポートを発行することができない。海外への渡航は政府関係の業務や留学に限られ、その際には連合国総司令部から特別の渡航許可証が発行される。

嘉子たちの場合もそうだった。申請の条件は厳しく、なかなか許可証を発行してくれないというのが常。だが、この出張については連合国総司令部の意向も大きかっただけに心配はなかった。

連合国総司令部では民主化政策の一環として、女性や子どもたちの権利擁護に力を入れていた。戦前もそれに該当するものとして、家庭に関する事件を扱う家事審判所と少年に関する事件を扱う少年審判所があった。しかし、家事審判所は地方裁判所の支部であり、少年審判所は司法省の管轄である。別系統の組織なだけに連携が悪く、不都合なことが多々あって、連合国総司令部もこのふたつの組織を統合することを再三にわたり忠告した。昭和24年（1949）1月にそれが実現して家庭裁判所が設立される。いまはその機能を充実させることが急務だった。

裁判所は法律的な判断を何よりも重視する。しかし、家庭裁判所は法の判断を前提としつつも、家庭内の争いを解決し非行少年を保護して更生させることに主眼がおかれる。その仕事は男性裁判官よりも女性裁判官のほうが向いていると考える者は多かった。嘉子はそれに納得できず、もやもやとした思いを抱えていた。

NHKが最高裁判所長官を囲む法律関係者の座談会を開いたことがある。アメリカの視察旅行から帰国して間もない嘉子もそこに出席することになった。この時に長官が「女性本来の特性から見て家庭裁判所裁判官が向いている」と語ったところ、

「家庭裁判所裁判官として適性があるかどうかは、個人の特性によるので男女の別で決められるべきではありません」

と、これに真っ向から反対する。新人の判事補が最高裁判所長官に向かって反論するのは勇気がいる。だが、どうしても言わずにはいられなかった。

嘉子は裁判官に任官される以前に、最高裁判所事務局で家庭裁判所の設立にかかわる仕事をしたことがある。また、アメリカの家庭裁判所視察団にも派遣されている。その経歴から家庭裁判所の裁判官に配属される可能性が十分にあった。家庭裁判所の裁判官になるのが嫌なわけではない。むしろ、興味をそそられている。やり甲斐が感じられる仕事だと思う。正直、やってみたいとも思うのだが……いまは、それをやるわけにはいかない。

自分がその先例になれば、その後は続々と女性裁判官が家庭裁判所に送り込まれるだろう。適性や本人の意思よりも、ただ「女性だから」という理由で。それに我慢がならない。そこで先手を打ち、

「地方裁判所で訴訟事件を扱い経験を十分に積んだ上で、人間の心を扱うといわれる家庭裁判所の裁判官になろうと思います。人間的に成熟するという50歳前後になるまでは家庭裁判所裁判官は受けないつもりです」

と、家庭裁判所裁判官にはならないという意思をはっきりと裁判所に伝えて、地方

裁判所の判事をつづけることにした。

第六章　〝天職〟との出会い

周囲に認めさせる仕事ぶり

昭和27年（1952）12月、嘉子は名古屋《なごや》地方裁判所に転勤した。前年には判事補から判事に昇格し、単独で審理して判決を下すことができる一人前の裁判官になっていた。判事補は10年程度の経験を積んだ後に判事となるのが普通だというが、嘉子の場合は判事補に任官されてまだ3年6ヵ月。異例のスピード出世といえるだろう。

優秀と認められてのことだったか、弁護士としての経験が加味されてのことか。それとも、現在とは違う過渡期の事情によるものかは分からない。彼女が転勤してきた時には名古屋駅前の電光掲示板のニュースで、

「女性裁判官が赴任」

と、大きく報じられた。まるでパンダが動物園にやってきた時のよう。地元ではかなり注目されていたようである。男性の裁判官なら見逃される些細《ささい》なことでも、色々と話題にされるだろう。思わぬことで批判をうける可能性もある。言動には注意を払わねばならない。プレッシャーを感じていた。

名古屋高等裁判所および名古屋地方裁判所の入るビル（名古屋市中区）

転勤というものは、ただでさえ心の負担が大きい。職場で初対面の人々と一から関係を構築し、自分の仕事がやりやすくなる環境を整えねばならない。裁判はひとりではできない。調査官や陪席の裁判官、周囲の者たちの理解やサポートが不可欠になってくる。不安は多々あった。

また、生まれ育った東京とは違って、名古屋には親類や知人がいない。シングルマザーの嘉子にとっては、生活に関することでも負担が大きくなる。

東京地方裁判所で働いていた頃は、神奈川県の登戸で弟夫婦と同居していた。家事や育児にまつわるかなりの部分を依存することができた。アメリカへの半年にわたる長期出張が可能だったのもそのおかげ。名古屋に転勤した当時、芳武は小学校の4年生だった。まだひとりで放置しておくことはできない年齢だ。住み込みのお手伝いさんを雇い家事や芳武の世話をまかせることにしたのだが、他人なだけに遠慮がある。頼めないようなことも多い。弟夫婦に預けるようなわけにはいかない。

見知らぬ土地で、判事という責任ある立場に立たされて不安は尽きない。しかし、やるしかない。今後は女性たちが次々に判事に昇進するだろう。裁判所はそれをどう扱ってゆくのか、それには嘉子の仕事ぶりが試金石になる。上手《うま》くやらねばならない。先駆者にかかる責任は大きい。

三淵嘉子。昭和26年（1951）撮影（毎日新聞社提供）

戦後は裁判官を全国各地に転勤させて人的交流を促進するようになっていた。昭和30年代にはそれが定着して3年ごとの転勤が常態化してゆく。

そうなると問題が生じる。結婚している女性裁判官が転勤を命じられても、夫が転勤願いをだして一緒について行くのは難しい。別居して単身赴任ということになる。それを理由に退官する女性裁判官も現れるだろう。男女同権がうたわれ、女性の立場を守る法律の整備も進められていたのだが、人の心がそれについていけない。妻は夫に従うものという旧時代の感覚がまだ色濃く残っていた。

裁判所の人事担当者は女性裁判官の転勤に際して、家庭事情に配慮せねばならない。女性裁判官は扱いが難しいとして、採用が敬遠されるようになるかもしれない。実際、その傾向がすでに表れはじめていた。

「戦後強くなったのは女と靴下」

これは昭和20年代後半頃からよく聞かれるようになった流行語。戦前の教育をうけた世の男性たちのなかには、女性の社会的地位が急速に向上したことを快く思わない者は多い。昭和30年代に入るとその反動から、女性の社会進出を拒絶するような動きが各業界で起こるようになった。

判事補採用の面接考査でも、担当者が女性の任官を思い止《とど》まらせようと説得することが増えてくる。女性裁判官の採用がゼロという年もあった。検事の採用にも同様のことが起きていた。久米愛や嘉子が中心となって設立した日本婦人法律家協会でも、この動きを危惧《きぐ》して、

「採用にあたり女性差別はしないように」

という要望書を再三にわたり最高裁判所や法務省などに提出している。

要望書を出して主張するのは必要だと思う。が、それだけでは足りない。女性の実力を見せつけることが、この反動を抑える一番の妙薬。嘉子はそう考えていた。

男女同権の建前論を声高に主張するよりも、まずは仕事で認めてもらうこと。女性たちがその仕事で納得させるだけの成果をあげれば世の評価は変わる。認めるしかなくなるだろう。と、いっそう仕事に熱を入れた。夜遅くまで仕事場に詰めて、書類の山と格闘しつづける。芳武は寂しい思いをしているだろう。それについては仕方がないと割り切っていたのだが……。

男女同権・男女平等の理想、嘉子もそれをめざしていたのは間違いない。しかし、育児休暇を取って子育てをこなす〝イクメン〟も出現した最近の人々の思考とは少し違う。男女の家庭内の仕事にはそれぞれ得手不得手があり、家庭内での役割は違って

くると彼女は考えていた。子育ては女性の得意分野、妻のほうが責任の比重が大きくなるのは仕方のないことだと理解していた。子育ては妻の仕事。それが少し疎《おろそ》かになった感は否めず、後ろめたい気持ちがついてまわる。

そんな気持ちを内面にかかえながら、嘉子は法廷に立ちつづける。女性裁判官に対する偏見をもつ者はまだ多く、法廷で相対する当事者たちの態度は厳しかった。が、彼女は動揺しない。毅然《きぜん》とした態度を崩さずに裁判をそつなく進め、利害の対立する被告と原告の双方が納得のいく判決を導きだす。

そこでは生まれ持ったリーダーとしての資質、天賦の才が遺憾なく発揮された。白熱した議論で皆が興奮している時も、彼女は冷静で落ち着いた態度を崩さない。時々、微笑みを浮かべる表情には場を和ませる不思議な力があった。陪審の判事補の意見にもよく耳を傾けて、話し合いの進め方もじつに上手《うま》い。

裁判官としての理想的な立ち振る舞い。それをかなり意識してやっていたようにも思われる。本来は感情の起伏が激しい人だけに、かなり我慢をしていたことだろう。

名古屋地方裁判所で3年半、嘉子の手腕は裁判所内でも認められるようになっていた。女性裁判官として先駆者の責務を十分に果たし、昭和31年（１９５６）５月には再び東京地方裁判所に転勤となる。

この頃には、朝鮮戦争特需により注ぎ込まれた設備投資が本格的に稼働するようになっている。戦災で疲弊した国内産業の生産力は復活し、それにあわせて国民の購買力も上がりつづける。前年には一人当たり実質国民所得がついに戦前の水準を上回り「もはや戦後ではない」という言葉が流行《はや》っていた。

かつて裁判所の仲間たちとアフターファイブに酒盛りをした新橋の闇市は消えて、駅前では再開発工事が始まり真新しいビルが増えていた。街中にはモノがあふれ、人々が食料を求め血眼で闇市をさまよっていた光景が遠い昔のことのように思える。

嘉子が判事補に任官される2年前に児童福祉法が制定され、少年・少女の福祉や権利を保障することは国民の義務として定められた。経済に余力が生まれてくれば、この法律が効力を発揮するようになる。戦災孤児の保護体制が充実して、いまは街中で「浮浪児」を見かけることはない。子どもたちが飢えて命の危険に晒《さら》されることはなくなった。そういった意味でも、もはや戦後ではない。

その後も経済成長率は年間10パーセントも上昇しつづける。高度経済成長期が始まろうとしていた。人々の関心は食料よりも、いまは白黒テレビと洗濯機、冷蔵庫の「三種の神器」と呼ばれる家電製品に移っていた。

世の中は大きく変わった。法律や裁判所のあり方もまた、それにあわせてさらなる変化を求められる。

〝猛女〟の来襲に困惑する新しい家族たち

さて、東京に戻ってからしばらくすると、職場内で嘉子に関する噂が流れはじめた。好きな男性ができたのではないか、と。

夫を失ってからはずっと仕事に明け暮れてきた。一人前の裁判官になるため必死に頑張りつづけて、恋に浮かれているような余裕などなかった。しかし、いまは誰からも優秀な判事として評価され、一応の目標を達成している。それで心にも余裕が生まれたのだろうか？

そのタイミングで、とある男性と知りあうことになる。

東京高等裁判所および東京地方裁判所の入るビル（東京都千代田区）

戦前に青春時代を過ごした嘉子の世代は恋愛経験のない者が大半。また、戦後10年が過ぎたこの頃でも、見合い結婚の割合が恋愛結婚を上回っていた。職場内でのカップル誕生はいまの時代と比べて珍しく、仲間内では騒ぎになったりもする。恋愛経験のない者にとって周囲からの注目はプレッシャーとなり、それが恋の成就を妨げることもある。しかし、彼女の物怖《ものお》じしない積極的な性格は、経験の少なさを補って余りあった。周囲の視線や噂などはどこ吹く風と受け流し、噂の男性との仲はどんどん親密になってゆく。

嘉子のぽっちゃりとした丸顔は、親しみやすく優しげな雰囲気を漂わせている。後輩の若い裁判官からも「可愛い」といった印象を抱かれていたという。

本人も気さくな性格で酒もいける口なので、酒席によく顔を出して誰とでも気軽に話す。すぐにお互いの距離は近くなる。出会いの機会には恵まれていたはずだ。

職場の者たちがそれに気がついた頃、嘉子の恋はかなりの段階にまで発展していたようである。仕事を終える頃になると、長身の男性と連れ立って判事室を出ていく姿がよく目撃されるようになっていた。

「おふたりの親密さは、どう見ても只事《ただごと》ではありませんでした」

と、目撃者のひとりである後輩裁判官も証言している。

嘉子との恋仲が噂されていた〝長身の紳士〟の正体は、最高裁判所の首席調査官・三淵乾太郎《けんたろう》。最高裁判所の調査官は、地方裁判所などでキャリアを積んだ裁判官から選抜される。最高裁に上告された事件に対し、審理に必要な調査をおこない論点を整理して裁判官を補佐するのがその仕事。優秀と認められた者が配属されるポストだった。また、父・三淵忠彦《ただひこ》が昭和25年（1950）まで初代最高裁判所長を務めていただけに、裁判所内ではなにかと目立つ存在である。

乾太郎は明治39年（1906）生まれで嘉子よりも8歳年上。会津藩士の血筋を引いており、信念を曲げない頑固一徹なところがあったという。しかし、他人に自分の考えを押しつけるようなことはせず、偉ぶった態度は取らない、物腰の柔らかい人物だった。背広をオシャレに着こなし、常にレディーファーストを心がける欧米風の洗練された立ち振る舞いが堂に入っている。

彼のことを「英国風の紳士」と表現する者もいた。嘉子の父・貞雄と同タイプのようでもある。また、外国文学や芸術にも精通するインテリで、酒席ではよくシューベルトの『魔王』をドイツ語で熱唱したという。周囲は困惑する者のほうが多かったのだが、そんなことはおかまいなしに唄《うた》いつづける。とにかく酒が入るとノリがいい。このあたりも嘉子と波長があいそうだ。

ふたりが知りあった当初は、嘉子よりも乾太郎のほうが積極的だったという。早い段階で彼女との結婚を望んでいたようでもある。

お互い、死に別れた配偶者との間には子どもがいる。結婚となれば他にも問題は色々とあったろう。が、乾太郎は戦前世代には珍しい恋愛至上主義者の情熱家。家や職場の事情よりも恋が最優先、たとえ周囲から反対されても意に介さない。このあたりは会津藩士の遺伝子、頑固一徹な気質が影響していたか？

愛しあってさえいれば、他はすべて些細なことにしか思えなかったようである。嘉子もその熱意に引っ張られるような感じで結婚を了承した。ふたりの交際が本格的に始まったのは彼女が東京地裁に転勤してからのようだが、とすれば、交際期間は長く見積もって3ヵ月程度。かなりのスピード婚だった。

昭和31年（1956）8月に入籍して、嘉子は「三淵」の姓を名乗るようになる。多くの書籍や資料にその名前は「三淵嘉子」と記され、これが頭に刷り込まれていたのだが、じつは彼女がこの姓名を名乗った期間はその人生の半分にも満たない。司法科試験に合格して日本初の女性弁護士になった時はまだ旧姓の「武藤嘉子」だったし、判事に就任した時は亡くなった前夫の姓である「和田嘉子」だった。

乾太郎には死別した前妻との間に一男三女の子があった。長女・那珂はすでに他家に嫁いでいたが、目黒《めぐろ》の自宅には21歳の次女・奈津、18歳の三女・麻都、14歳の長男・力が同居していた。そこに嘉子が芳武を連れて一緒に住むことになる。

突然に父親の結婚が決まり、新しい母親ときょうだいがやって来たのだから、驚くだろうし困惑もする。しかも、嘉子は家の中では素の性格を隠すことなく思ったままに行動する。同居を始めた当初は色々と軋轢《あつれき》が生じたようだった。

「ひと言でいえば、猛女であった」

乾太郎の長男・力は『追想のひと三淵嘉子』に寄稿した手記のなかで、嘉子の印象についてこのように語っている。この2年前には特撮怪獣映画『ゴジラ』がヒットしたが、彼の頭の中には暴れまわるゴジラの姿が浮かんでいたのではないか？

裁判所で仕事をしている時の彼女は人の話にはよく耳を傾け、場の空気をよく読んで行動する。すべてに対して配慮が行き届いていた。最適のまとめ役、リーダーとしての資質は十分に備わっていると評価されていたが……それが家庭内ではまったくの別人だった。

実家で長く彼女と同居していた実弟たちは、嘉子の性格について「主観的で自己中」と手厳しい評価をしている。乾太郎の家族たちと暮らす家でも、実家暮らしの頃と同様の暴君ぶりを発揮していたという。

少しでも反論しようものなら、すごい勢いで10倍も言い返してくる。誰もそのパワーにはあらがえない。それぞれの家には昔からのやり方がある。よそからきた嫁の立場だと、普通は郷に入れば郷に従いそうなものだが、彼女は自分の独断でそれを次々に変えてしまう。誰も口を挟めない。まるで終戦直後に乗り込んできた進駐軍のようでもある。

それに対して、主人の乾太郎は口を挟まない。個人主義の傾向が強い彼だけに、もともと家の仕来りなどには関心が薄かったのかもしれない。それに固執する必要はなく、家族の人員構成が変わればやり方が変わって当然と思っていたようだ。

しかし、それを話し合いではなく嘉子の独断で決めるのはどうかと思うのだけれど、そんな奔放さもまた、彼を惚《ほ》れさせて可愛いと思わせたのだろうか？　恋は盲目、なのかもしれない。

夫は傍観し、子どもたちは戦々恐々。嘉子の独裁政権が確立する。唯一、彼女に強く意見したのが長女・那珂だった。彼女は遠方に嫁いでいたが、妹や弟から色々と話を聞いていたのだろう。電話で嘉子に注意を促して苦言を呈することもあったという。時には嘉子が年甲斐《としがい》もなく興奮しながら声を荒らげて反論することも……。それは、裁判所では絶対に見ることのない姿だった。

嘉子は感情の起伏が激しくカッとなりやすいところがある。時が過ぎるにつれて、家の中では素の性格をますます隠さなくなってくる。これは芳武や力が成長して大人になってからのことだが、休日や正月には家族で麻雀《マージャン》を楽しむのが恒例になっていた。勝負事が好きで負けず嫌いな嘉子は、負けるとたちまち不機嫌に。大きな手を狙っている時に、たまたま芳武が先に和了《ホーラ》したりすると、

「この親不孝者！」

と、激怒して罵詈《ばり》雑言を浴びせてくる。冗談ではなく本気で怒っていた。まるで駄々っ子。しかし、これだけ好き勝手をしても嫌われない。

「私は、そのようにエゴをムキ出しにする時の彼女が好きであった。失礼な言い方だが「可愛い女性」であったと思う」

嘉子を〝猛女〟と恐れていた三淵家の長男・力は、このようにも語っている。

また、弟や妹を守るために嘉子の横暴によく意見して言い争った長女・那珂にしても、それで義母を敬遠することはない。嘉子の退官後には一緒に旅行をしたこともある。この時に、食いしん坊の嘉子は楽しみにしていたカニを食べるために、旅先で歯科医に駆け込んで欠けていた歯を急いで治療してもらったという。

「何もカニを食べるのはこれが最後ではないでしょう」

那珂がそれを見て笑い転げる。色々といさかいはあったけれど憎めない人だった。思ったことがすぐに態度や行動にでる。そんな嘉子の素の性格を面倒臭く感じることもある。が、なんだかほうってはおけない。憎むことができない。その笑顔と明るく弾む声にはつい惹《ひ》かれて、こちらも知らず知らずのうちに笑顔にさせられる。天性の人たらし。


また、嘉子が家の中で〝傍若無人〟にふるまうことができたのは、それだけ家族を信頼していたから。安心して甘えることができる存在だったからだ。

たとえ血がつながっていなくても、一緒に暮らせば「家族の絆《きずな》」は生まれる。他人であれば許されないことでも、家族ならば理解して許容してくれる、と。それを信じていたから、素の自分をさらけだすことができた。実家で同居していた父や母や弟たちと同じ関係を、三淵家の人々にも求めていたようだった。

その点に関しては、共に同居生活に加わった実子の芳武のほうが母よりも大人である。度を超した嘉子の態度にいたたまれなくなって「いいかんげんにしときなよ」と、時々、苦言を呈することがあった。

仕事場での嘉子は、常に他人の目を意識して行動する。日本初の女性判事には周囲の注目が集まる。自分の一挙手一投足が女性裁判官の印象になってしまう。そのため反発をまねかぬよう日頃の態度に気をつけて、間違いを犯さぬよう努めてきた。

何も気にせずに素の自分で過ごせる家庭がなければ、どこかで潰《つぶ》れていたかもしれない。乾太郎と出逢《であ》い、寛容で忍耐力のある家族を得たことは幸運だった。

日本初の女性裁判所長に就任する

乾太郎と結婚してから4ヵ月が過ぎた昭和31年（1956）12月、嘉子は東京地方裁判所判事と兼任して東京家庭裁判所判事に任命される。

いまは飢える心配のない豊かな時代だ。女性や子どもたちを守る法律もあり、権利はしっかりと保障されている。しかし、それでも解決できない問題が多々あった。同年にヒットした映画『太陽の季節』に影響され、主人公役・石原裕次郎を真似たサングラスとアロハシャツ姿の若者を街でよく見かける。ファッションを真似するだけならいいのだが、フィクションである映画と同じように無法な行為を街でやらかす。飲酒やケンカ、不純異性交遊、なかでも強姦《ごうかん》などで警察に補導される者が増えた。そういった事件が新聞でもよく報道されていた。

法務省の『犯罪白書』によれば、昭和20年代後半に刑法犯罪で検挙・補導された少年の数は10万人程度。しかし、世の中が豊かになった昭和30年代になると、その数が急増する。

高度経済成長を達成した1960年代中頃になると、未成年の補導・検挙数は20万人を超えて戦後第一のピークをむかえる。その後は少しずつ減少するのだが、1970年代後半あたりからまた増加に転じ、バブル景気で世の中が浮ついていた1980年代末には30万人を突破してしまう。世の中が豊かになったからといって、少年の犯罪が減ることはない。データを見る限りではむしろ、世の景気が良くなれば少年犯罪が増えるという傾向が見てとれる。

東京家庭裁判所（東京都千代田区）

昔の少年たちが犯罪や非行に走る原因の多くが貧困にあった。しかし、この頃になると傾向があきらかに変わってきている。少年犯罪や非行の原因は、彼ら個々の状況や抱える心の葛藤《かっとう》に起因している。そういった事例がやたらと目につく。

それを法律だけで解決するのは無理だ。杓子《しゃくし》定規に法に照らしあわせて判断を下すのではなく、一人一人に寄り添って丁寧に対応せねばならない。その役目を担うのが家庭裁判所なのだ。

嘉子はかつて家庭裁判所の判事にはならないと宣言していたのだが、あの時とは状況が違う。増えつづける少年問題に対して、家庭裁判所の機能を充実させることは急務であり、やらねばならない。また、いまは一番やってみたいと思える仕事になっていた。

家庭裁判所を「女性向き」と決めつける考えはいまだ裁判所内で根強く、女性裁判官が家庭裁判所に赴任させられることは多い。

家庭裁判所では複数の裁判官による合議制の裁判はおこなわず、すべて、ひとりの裁判官による単独裁判となるのが原則だった。女性の裁判長の下で陪席裁判官になることに抵抗を覚える男性裁判官も多いという話を聞く。女性裁判官を家庭裁判所に配置する傾向が顕著になってきたのは、そういった理由もあるのではないかと嘉子は考えていた。

愉快な話ではないのだが……しかし、そこにはこだわらず、自分がやりたい仕事をやるべきだ。男女の性差により、仕事にも向き不向きはある。それは誰も否定できない。「家庭裁判所の判事は女性向きの仕事」という裁判所上層部の考えが本当に正しいのならば、それは自分にとって幸運なことではないか。

この仕事にはやり甲斐《がい》がある。生涯をかけてとことんやりたい〝天職〟とめぐりあうことができたとさえ思う。それに適性があるというのなら喜ぶべきだろう、と。

しかし、家庭裁判所の仕事をするにあたっては一点だけ不安があった。刑事事件の加害者が20歳未満の者であれば「少年事件」として扱われ、家庭裁判所がその調査や審判をおこなうことが原則になっていた。嘉子はこれまで地方裁判所では民事裁判の担当ばかりで、刑事事件を扱った経験がない。

「私で大丈夫でしょうか?」

そのことについて最高裁判所家庭局長の宇田川潤四郎に相談したところ、

「少年事件は少年を処罰するのではないから、刑事事件を扱うような思考ではいけません。裁判長としてはむしろ民事の感覚が大切です。大丈夫、民事裁判官の経験があれば十分にできますよ」

と、彼は言う。たしかに、かつて視察したアメリカの家庭裁判所でも、少年事件を刑事事件のようには処理していなかった。罰を与えることではなく、更生させること。二度と罪を犯さぬよう教育し、やり直すための環境を整えることが最も重視される。それならやれるかもしれない。

「いや、やらなければ」

と、気力が漲《みなぎ》ってくるのを感じた。

戦前の弁護士時代、強姦《ごうかん》事件を任されそうになった時には「弁護の余地がありません」と被告の弁護を断ったことがある。強姦という非道が、どうしても許せなかった。その頃からすると、嘉子の犯罪者に対する考えも大きく変わってきた。

家庭裁判所にも、強姦などの凶悪事件を起こした少年が送られてくる。裁判官としてそれを審理せねばならない。弁護士時代とは違って拒めない立場ということもあるのだが、犯した犯罪だけを見て被告から目を背けるようなことはしない。許すとか許さないとかではなく、なぜそんな行動に走ってしまったのか。罪を犯した背景を知り、罪を悔いさせることが重要だと思うようになる。

「たしかに警察段階では許し難い犯罪者の面が現われ、裁判官の前ではまだ幼い少年の面が現われるので、その間の格差は大きいと思いますが、いずれも少年の真実の面です。そして、少年の面では大人と違ってどの少年もまだまだナイーブなものを失っていないのです。（中略）これらの少年をみていると、社会に適応できる堅実な社会人に育て上げることがこの少年たちにも、そして社会のためにも必要なんだと思わざるをえませんし、教育を基本精神とする少年法はすばらしいと思い、できるだけのことをしたい気持でいっぱいでした」

これは嘉子が裁判官を退官した翌年、昭和55年（1980）に出版された「法曹あの頃　女性裁判官第一号三淵嘉子氏に聞く」（「法学セミナー」24巻5号）のインタビュー記事からの抜粋。どんな凶悪犯罪でも、未成年者の犯罪は、大人が犯したそれとは違う。と、少年たちの事件にかかわるうちに、彼女はそれを確信するようになっていた。

家庭裁判所の判事になってからは、裁判所の外でもそこで目にする子どもたちのことが気にかかる。子どもの日常の言葉や行動に危険な兆候が垣間《かいま》見られることがある。それが気になってしまうのだ。

そして、見て見ぬふりができないのは嘉子の性分。とある日、大阪に出張するため列車に乗ったのだが、車内はかなり混雑して通路に立っている客も多かった。ふと見れば……2人の男の子が席に座り、その横の通路に母親が立ちつづけていた。

東京を出発してから長い時間が経過している。母親の顔にはあきらかに疲れの色が浮かんでいるのだが、子どもたちはそれを気にすることなく、景色を眺めるのに夢中だった。嘉子の表情がしだいに険しくなってくる。さらに時間が過ぎ、ひとりの男の子が席を立ってトイレに向かった。母親は空いた席に座って体を休めていたのだが、トイレから戻ってきた子どもは、

「お母さん、そこどいてよ」

と言って母親をどかそうとする。そこでついに堪忍袋の緒が切れた。嘉子は親子のところにツカツカと歩み寄り、

「あなた、どこか体でも悪いの？　お母さん疲れてらっしゃるから、しばらく席を代わってあげなさい。子どもは立ったほうが強くなるのよ」

そう言い放ったという。公衆の面前で他人の子を叱る行為は、この頃になるとめっ

たに見かけることがなくなっていた。その顚末《てんまつ》をたまたま列車に乗りあわせた知人が目撃して話が広まり、

「嘉子さんらしいなぁ」

と、彼女を知る人々の間でちょっとした話題になったとか。

少年の犯罪や非行の原因、その多くは家庭環境のなかに隠れていると嘉子は考えていた。食うや食わずの時代とは違って、いまの親たちには子どもに費やす金と時間が十分にある。その余裕からつい過度な愛情を注いでしまう。子ども可愛さから何でも言うことを聞いてやって、求められるままにモノを買い与えたりする。

子どもは勘違いしやすい生き物だ。なんでも自分の思い通りになれば、自己中心的な人間に育ってしまう。自分以外の者たちのことには鈍感になって、相手の苦痛など意に介さず思いやりに欠けた行動をするようになる。あげくにそれが犯罪に発展したりもする。

だから、見過ごすことはできなかった。裁判所の中だけではない。列車の中であろうが街中であろうが、子どもたちの危険な兆候を察知するとつい体が動いてしまう。

家庭裁判所には後輩の女性裁判官たちが続々と赴任してくるようになる。彼女たち

と集まっては仕事のことなどを語りあう機会が増えた。

「このうえは、誰にも負けない家裁の裁判官になりましょう」

よくそう言って励ましあっていたという。志を同じくする女性裁判官たちと切磋琢磨《せっさたくま》して、裁判官としてのスキルは上がってゆく。法務省が設置した法制審議会少年法部会委員にも任命されて、少年に関する法律の改正や整備に尽力した。

そして、昭和47年（1972）6月、嘉子は新潟家庭裁判所長に任命される。

女性の裁判所長というのも日本では初のことになるのだが、初の女性弁護士になった時ほどには驚かれなかった。彼女の実力と実績からすれば、それは当然だと思う者のほうが多かったようである。

第七章　夢中で走りつづけた人生

「家庭裁判所は人間を扱う場所」

嘉子は新潟家庭裁判所に着任するとすぐに、精力的に動きまわるようになる。県や市町村主催の講演会、学校や婦人会の会合など、多い時には月に3〜4回の講演をおこなった。また、地元のテレビ番組にも出演し、家族や少年の問題について語る彼女の姿がよく見かけられるようになっていた。

「家庭裁判所と社会との関わりあいは多方面にわたっている」

嘉子はよくこう言って、世の中に理解と協力を促した。

少年たちの審判は、その周囲にいる人々や関係諸機関の協力なしには成り立たない。だから家庭裁判所は、地域社会との連携を密にすることを心がけねばならない。と、いうのが彼女の持論。裁判所内の仕事だけでも多忙な日々の中、地域の会合や講演に走りまわるのはそのためだった。

当時の新潟家庭裁判所職員たちが、嘉子について語る時には「超人的」「八面六臂《ろっぴ》の活躍」などといった言葉がよく聞かれる。とにかくよく動きまわる。そのタフネスぶりに皆が舌を巻いていた。

新潟家庭裁判所長の頃の三淵嘉子（毎日新聞社提供）

所長がこれだけ忙しくしていると、部下ものんびりしてはいられない。裁判所内が活気づいてくる。忙しくはあったのだが、

「あんな楽しい時代はなかった」

と、いい思い出として当時を懐かしがる者は多かった。

夫の乾太郎にも仕事があり、東京を離れることはできない。そのため嘉子は単身で新潟に赴任していた。裁判官は2〜3年ごとに配属先が変わる。企業のサラリーマンと同様に転勤がつきものだ。家庭事情を考慮せずに命じられる転勤には、裁判所内でも批判はあったが、この時代はまだこのような人事がまかり通っている。

嘉子にはこれまでひとり暮らしの経験がない。裁判所にいる時は忙しさで気もまぎれるだろうが、官舎に帰ってひとりになると寂しい。誰もいない家の中で夜を過ごすというのは、話好きの彼女にとってはかなり辛《つら》い。

現在ならば週末は東京に戻って家族と一緒に過ごすこともできる。しかし、日本の官公庁が完全週休二日制を導入したのは平成4年（1992）になってからのことで、この頃の休日は日曜日だけ。しかも、当時はまだ上越《じょうえつ》新幹線が開通していなかった。

新潟市の市街地（新潟市中央区）

在来線特急だと新潟から東京まで片道4～5時間はかかる。これで日帰りするのは難しい。自宅に戻れるのはお盆や正月くらいだろう。

そのため日曜日はもっぱら、新潟県内の名所旧跡めぐりに明け暮れたという。ひとりで家の中にいても気が滅入《めい》る。また、東京育ちの彼女には北国の自然や文化、すべてが珍しくて興味深い。還暦が近い年齢になっても、旺盛《おうせい》な好奇心は衰えを知らない。小型カメラを片手にあちこちの観光地や祭りを巡る。行く先々で地元の人々と語りあい、知人や友人が増えていった。

「ここにいる間は、新潟を徹底的に楽しまなきゃ」

いかなる状況におかれても、そこで楽しみや生き甲斐《がい》をみつけて突き進む。嘉子の真骨頂だろうか。

北国の四季を眺めているうちにあっという間に時は経つ。新潟での暮らしが1年半を過ぎた昭和48年（1973）になると、埼玉県の浦和《うらわ》家庭裁判所長への転任を命じられる。

オイルショックが起きて、トイレットペーパーの買い占めに走る人々で街が騒然となっていた頃だった。

浦和家庭裁判所長の頃の三淵嘉子（毎日新聞社提供）

しかし、それを眺める若者たちの目は冷ややか。60年代にはあれだけ吹き荒れていた学園紛争の嵐はピタリと止んで、彼らは政治や社会に無関心になっている。無責任、無気力、無関心といった三無主義の〝しらけ世代〟に代替わりしていた。

家庭裁判所に送られてくる子どもたちにも変化がみてとれる。数年前とは違ったタイプが増えてきた。大人たちが固定観念に囚《とら》われていると、それを理解することが難しくなる。昔と同じやり方では反発をまねく。相手のことをよく知らずして、いくら熱心にアドバイスしたところで心には届かない。

変化の激しい時代に生きる少年少女たちを、古い常識の枠で判断すれば齟齬《そご》が生じる。嘉子は世間の常識や固定観念に囚われず、個々の事情を踏まえた上で、本人にとって最適な更生の道をみつけようとした。それは時として「常識はずれ」な判断になることも。昔から常識を無視した行動でよく周囲を驚かせてきた。「常識」がすべての者にあてはまることはない。常識的な判断が必ずしも正解ではないことを、彼女は自分のこれまでの人生経験からよく知っていた。

たとえばこんなことがあった。家庭裁判所では審理中の少年や少女たちを個人の家庭や施設に預けて保護してもらう制度があり、これを「補導委託」と呼ぶ。委託先には製造業や農家、飲食店などの自営業者も多く、試験観察期間中には更生に向けて彼らに職業指導をお願いすることもある。嘉子が裁判所関係者と補導委託先に関する話をした時に、

「補導委託先にバーがあっても良いではありませんか。少女がその職業に適しているならば」

と……裁判所長という立場の口からそんな言葉が出て、相手はかなり面食らったようである。少年補導や教育にかかわる者たちからすれば、酒を扱うような場所は少年たちの目に触れさせてはならない、最も避けるべき場所と考えられていた。そこに未成年の少女を預けて仕事をさせるなどというのは言語道断。当時としてはかなり非常識、現在でもそう考える者は多いのではないだろうか？

バーで仕事をすれば、確かに悪い誘惑があるかもしれない。しかし、未成年者の中には親の保護を受けられず生活のために働かねばならない者もいる。誘惑が多いという理由で、職業選択の範囲を狭めるべきではない。杓子《しゃくし》定規な判断はせず、個々の性格や状況にあわせた細かい配慮が必要だ。少年たちの問題や事件を扱うには、それが最も大切だ。と、嘉子はよく語っていた。

浦和家庭裁判所長として約4年間勤めた後、昭和53年（1978）1月に嘉子は横浜家庭裁判所長に転任した。

横浜家裁がある場所は中華街から近く、アフターファイブを楽しみにしていたという。また、京浜東北《けいひんとうほく》線の線路を挟んだ目と鼻の先には横浜球場があり、球場の歓声が聞こえてくるような場所だった。嘉子は地元球団の横浜大洋《たいよう》ホエールズ（現在のDeNAベイスターズ）ファンになり、知人たちとよく野球談義をするようにもなる。

当時はドラフト制度の交渉期限が切れる「空白の一日」を狙って読売《よみうり》ジャイアンツに入団した江川卓《えがわすぐる》投手のことが世間の話題になっていた。多くの野球ファンはドラフト制度の盲点をついたこの行為を「卑怯《ひきょう》だ」として批判した。人一倍正義感が強い嘉子だけに、さぞや立腹しているだろうと、知人がそのことを聞いてみたところ、

「江川投手、いいわね。今度の頑張りは見事だったわ」

意外な答えが返ってきた。日本人は何事も諦《あきら》めるのが早過ぎる。それに比べて江川投手は諦めずに自分の願いを叶《かな》えるための道を模索し、突破口を見つけたら躊躇《ちゅうちょ》せずにそれを実行した。果敢な決断は見事というほかない。と、彼女は江川擁護論を熱弁したという。

横浜家庭裁判所（横浜市中区）

世間の常識や原理原則よりも、個々の心情や立場に目を向けて最良の方法を探すこと。ここでも彼女の思考の一端が見てとれる。また、自分の進むべき道がそこにあると思えば、人にどう言われようがその方向へと突き進む。これは嘉子の生き様でもある。江川投手には似た者同士の親近感を覚えていたのだろうか？

さて、気がつけば定年まであと1年余り、ここが裁判官としての最後の職場になるだろう。自分が考えてきた家庭裁判所の理想、それを見える形にして後輩たちの目に焼きつけておきたいと思うようになっていた。そして、江川投手に勝るとも劣らぬ素早さで、それを果敢に実行した。

「えっ、ここは本当に裁判所ですか？」

訪れた者たちは誰もがそう言って驚く。嘉子が赴任してしばらくすると、裁判所内の雰囲気が一変していた。薄汚れて陰鬱《いんうつ》な雰囲気を醸していた壁が、明るい白色に塗り替えられている。それだけではない。目立つ場所には絵が掛けられ、カーテンも新調されていた。昼休みには館内に音楽が流される。裁判所独特の重苦しい雰囲気は払《ふっ》拭《しょく》されて、美術館にでもいるような錯覚をおぼえる。

これまでの裁判所は厳粛さを意識してなのだろうか、館内に入ると重苦しい雰囲気が漂っていた。

それは送致されてくる少年たちの心に悪い影響しか与えない。彼らは威圧されると殻に閉じこもる。打ち解けて悩みや不安を語ってもらえるよう、細部にまで気を配り和やかな雰囲気があふれる場に作り変えた。

「家庭裁判所は事件を扱う場所ではない。人間を扱う場所です」

その信念は確固たるものになっていた。こうなると嘉子は止まらない。自分の信じた道を突き進む。また、人たらしの才能に長い人生経験も加わって、周囲の人々を巻き込む技は名人芸の域に。無理だと思うようなことでも、彼女に明るい笑顔で言われると「やれるかもしれない」という気持ちになってしまう。裁判官として最後の1年間、部下たちと一丸になって忙しく働きつづけた。

定年退官、まだ終われない

東京家庭裁判所に在職した9年間、嘉子は約5000人にもなる少年少女の審判にかかわってきた。知識と経験で右にでる者はいない。そんな彼女だからこそ、彼らのためになる改革や案が次々に湧いてくる。周囲との調整を図りながらそれを実行できる能力もあった。法曹界で嘉子のことを「家庭裁判所の育ての親」と呼ぶ人は多い。現在の家庭裁判所の形ができあがるまでには、彼女の功績を抜きにしては語れない。そんな置き土産を残して、昭和54年（1979）11月に定年退官の時を迎えた。

嘉子が横浜家庭裁判所を去る日には、調停委員や地域の人々が別れの挨拶《あいさつ》にやってきた。所長の転任や退官時の恒例行事ではあるのだが……その人数が異例だった。正確な数は記録されていないのだが、

「これまでにない記録的な数の人々がやってきた」

この裁判所での勤務が長い職員がそう言って驚いたとか。常に地域の人々との連携を心がけ、関係を密にしてきた活動の一端がこんなところにも垣間《かいま》見られる。

同月には日比谷公園内にある松本楼でも、嘉子の退官を慰労するパーティーが催された。司法省や最高裁判所など、裁判官を志した頃に働いた職場に隣接する思い出深い場所だった。それだけに感慨もひとしお。戦前の弁護士時代、裁判官を志して司法省で働いた終戦直後の頃、裁判官としてはじめて法廷に出た時の緊張など、懐かしい思い出が次々と脳裏に浮かんでくる。

「裁判官であったことは私にとって最高の女の人生だった」

自らの信念に基づいて全てを処理できる裁判官という仕事を選んだのは、男性と対等に仕事することを志した自分にとって最良の選択だった。そう思えるほどの満足感を味わっていた。しかし、ここで終わっていいのか、まだやれることがあるのではないか？　そんな思いもまたある。このまま大人しく隠居する気にはなれない。生きている限りは、生き甲斐を感じることをやりつづけたい。

「自分にまだやれること、何があるのだろうか？」

定年を意識するようになった数年前から、そののちの人生について考えていた。

定年退官した翌月、嘉子は労働省男女平等問題専門家会議座長に就任している。プロの法律家になった当初から、自分と同じ立場にある女性たちの抱える問題に寄り添う仕事がしたいという思いはあった。少年問題に必死に取り組むうちに、あっという間に定年を迎えてしまったのだが、女性たちにかかわる問題には常に関心を持ちつづけていた。

時代とともに女性たちの意識や、彼女らを取り巻く環境は大きく変化している。しかし、社会の制度が追いついていない。昭和末期のこの頃はまだ、賃金や待遇で歴然とした男女格差が存在し、育児や家事に関する男性の理解も不足していた。それに悩み苦しむ女性たちがいる。

彼女もその当事者として悩まされてきた問題であるだけに、なんとかせねばという思いは強かった。やり残した仕事があるとすれば、これだろうか。

すでに第二の人生の目標は定まっていたようではある。しかし、躊躇《ちゅうちょ》もある。嘉子はこれまで女性問題にかかわる仕事をしたことがない。やる気はあっても、そのための知識や経験がない。長年女性問題にかかわってきた専門家と呼ばれるような人々からすれば、いきなり現れた「素人」は目障りだろう。また、畑違いの分野だけに学ばねばならないことは多く、はたして還暦を過ぎた者の知力や体力がそれに耐えられるだろうか?

不安は多々あり、ためらってしまうのは当然だ。だから、男女平等問題専門家会議の座長就任を要請された時にも、

「自信がありません」

と、最初は断っている。しかし、もともと関心のあった分野だけに、説得されるうちに興味がさらに高まって、心がうずきだしてきた。熱心な声かけにもほだされて、

「わかりました。やりましょう」

気がつけば要請を受けてしまっていた。困難は重々承知している。だが、挑戦してみない限りは諦めがつかない。彼女の旺盛な好奇心が不安を凌駕《りょうが》してしまう。年を重ねてもそれは変わらない。

覚悟が決まると行動は早い。知識が足りなければ学べばいい。動きまわっていれば必要な人脈も自然と形成されるはず。立ち止まっている時間はない。第二の人生の目標に向かって再び走りだしていた。

嘉子が退官した翌月、昭和54年（１９７９）12月の国連総会で女性差別撤廃条約が採択された。翌年11月には、就職差別に抗議する女子大生たちが数寄屋橋公園で48時間のハンガー・ストライキを決行して話題になっている。日本でも女性たちが自分の意見を強く主張するようになってきた。

また、この頃には『関白宣言』という歌が大ヒットしていた。「これは、全男性が待ち望んだ歌だ」と、世の男性たちからは賛同する声が多かったというのだが……女性の立場が強くなってくれば、拒絶反応もまた強くなるものだ。

そんな世間の状況にも影響されたのだろうか、嘉子が座長を務めた男女平等問題専門家会議でも様々な意見が乱れ飛んで収拾がつかなくなっていた。舵《かじ》取りに苦労したようだが、しかし、こういった場での彼女はじつに我慢強い。トレードマークの笑顔を絶やすことなく、参加者たちの意見に耳を傾ける。興奮して声を荒らげていた者も、その笑顔で見つめられるうちに冷静さを取り戻す。

審議は難航を極めたが、嘉子は粘り強く会議をコントロールしつづけた。そして、昭和54年（1979）12月から始まった専門家会議は、昭和57年（1982）5月に「雇用における男女平等の判断基準の考え方について」という報告書をとりまとめて労働大臣に提出することができた。これに関しては、

「座長の公正な態度と、明るい人柄によるものにほかならない」

などと、参加者からは嘉子の力量を賛美する声が多く聞かれた。この報告書が示した判断基準は、後に制定された男女雇用機会均等法の基礎になっている。

裁判官を退官して2ヵ月後には、第二東京弁護士会に登録し再び弁護士の仕事を始めるようにもなった。また、昭和57年（1982）8月には東京都人事委員会委員、翌年7月には労働省婦人少年問題審査会委員に就任し、プライベートな時間がどんどん削られていった。

男女平等問題専門家会議の審議がひと段落した後も、あいかわらず忙しい日々がつ

づく。霞が関の官庁街を大股《おおまた》でスタスタと闊歩《かっぽ》する後ろ姿、それを知人が見ればすぐに嘉子だと分かる。還暦を過ぎた女性にしては歩調がかなり速く、手にはいつも大量の書類を抱えていた。自分にはまだやれることがある、歩みを止めるのはまだ早い。と、そんな思いが滲《にじ》みでているようだった。

生きることを楽しむ

夫の乾太郎も退官後は弁護士登録をしていたのが、こちらは、興味のある事件に時々かかわるだけで自分の時間が十分に確保できていた。悠々自適といった言葉があてはまる、ある意味、理想的な老後生活だろう。

しかし、男女平等問題専門家会議で奔走していた頃から、乾太郎の老いが急速に進んできたことが嘉子は気にかかっていた。物忘れが激しくなっている。10歳近い年齢差がある乾太郎は喜寿を迎えようとしていた。夫婦が一緒に過ごせる時間はそう長くはない。仕事がひと段落したら、夫といる時間をもっと増やそう。彼に寄り添ってやろう。一緒に温泉にでも浸《つ》かりながらのんびり余生を過ごす。それも悪くはないと思う……そんなことも考えていたのだが。

昭和58年（1983）の正月が明けた頃から、嘉子は体調不良に悩まされるようになる。背中や肩が凝って辛い。疲れが溜《た》まっているのだろうと、最初は軽く考えていた。しかし、症状は悪くなる一方で、やがて体を動かすだけで激痛が走るようになってきた。

「これは、ただごとではない」

4月になると東大医科学研究所附属病院に検査入院し、詳しく調べてもらうことにした。当初の医師の見立ては、

「骨粗鬆症《こつそしょうしょう》の疑いあり」

ということだった。しかし、ガンの恐れもあるというので、さらに詳しく検査することに。7月初旬になってやっと診断が下される。それは衝撃的な結果だった。骨にガンができているという。骨肉腫《こつにくしゅ》といわれるもので、ガンのなかでも症例が少ない。そのため診断に時間を要したようだった。

この時代はまだ患者本人にガンの告知がされるのは稀《まれ》なこと。この時も病院は息子の芳武に診断結果を伝えたのだが、

「自分の病状について分かったことは、すべて隠さずに教えて欲しい」

と、嘉子は前もって約束させている。芳武はその約束を守ってすべてを話してくれた。診断結果を伝えられても嘉子が動揺することはなかったという。背中の痛みがさらに酷《ひど》くなり、体力も急速に衰え近所に出歩くことも難しくなっていた。そんな状況だけに、すでに自分の死期を悟っていたようだ。

母のノブは脳溢血《のういっけつ》で亡くなっている。祖母もそうだった。嘉子には以前から高血圧の症状があり、自分もいつか脳溢血で死ぬと思っていた。

「ガンとは無縁だと信じ込んでいた。いまは自分のひとりよがりが、こっけいでおかしい」

病院へ見舞いにやってきた友人には、そんなことも語っている。

ノブの場合は、亡くなるまでに自分の死を意識したことはなかったはず。庭で倒れて意識を失う直前まで、元気に家事をこなして働いていた。明日も明後日《あさって》も同じような日常がつづくと信じて生きて、終焉《しゅうえん》の時が突然にやってきた。

自分も脳溢血で死ぬ。嘉子がそう思い込んでいたのは、母のような人生の終わり方に憧《あこが》れていたから。死ぬのを待つだけの日々、しだいに衰弱してゆく体は回復の見込みがなく、絶望感に苛《さいな》まれつづけて最期の時を迎える。そんな終わり方は避けたかっ

た。しかし、

「人生ってやっぱり、思い通りにはいかないものだわ」

これまでの人生、様々な難局はあった。ポジティブ思考でそれを突破してきた。粘り強くやっていけばなんとかなる。道は開ける。そう思って生きてきた。その結果として「日本女性初の弁護士」「日本女性初の裁判所長」などの栄誉を手にすることもできたのだ。

しかし、今回ばかりはどうにもならない。運命を受け入れるしかない。人生の最終章で、自分の努力だけでは突破できない……そんな壁が存在することを知る。嘉子がはじめて体験した挫折《ざせつ》ではなかっただろうか。

こうなったら、運命を受け入れる。それしかない。挫折するしかない状況で、それが嘉子の選択した最良の道だった。めざす道がみつかれば、そこに向かって走るだけ。最後の最後まで、自分らしく生きようと決心する。

「私、ガンなのよ」

見舞いにやってきた人々には平然とそう言う。声は明るく、裁判所の所長室で見るのと同じ笑顔がそこにはある。

抗ガン剤の投与が開始されたが、効き目はなくガン細胞は増殖をつづけた。投薬の影響だろうか、病院の食事は不味《まず》く感じて食欲がなくなってきた。食べることが大好きな嘉子、食事が楽しめるうちは食べられるだけ食べておきたい。病院の食事が口にあわなければ、美味《うま》いものを求めて外から届けさせるようになる。

「今度はあれを持ってきてね」

などと、家族が病院に来るとよく食べたい物をリクエストした。欲しいものを得るため、諦めることなく様々な手段を尽くす。仕事でも食べることでも同じ、病に臥《ふ》しても変わらない。

『追想のひと三淵嘉子』に義理の娘・麻都が寄せた手記にこんなことが書かれている。ラーメンが食べたいというので作ってやったのだが、

「大体病人に食べさせるのに何よ、これじゃあ素ラーメンじゃない」

具が入っていないことが不満だったようである。また、ある日には蕎麦《そば》が食べたいというので、教えられた麻布十番《あざぶじゅうばん》の店まで行って買ってきたのだが、

「ああ、これはニセモノのほうなのよ。あそこの路地を入って行った奥の方に本物の店があるのに……」

わざわざ買ってきても、自分の望んでいたものと違えば文句を言う。家族にはあいかわらずのワガママな〝暴君〟だった。苦しい闘病生活のなか、ワガママを許してくれる信頼のおける家族の助けを借りながら、生きることを楽しもうとしていた。

「私は健康に恵まれ、これまで生きるということを真剣に考えてこなかったような気がする」

見舞いに訪れた知人にそんなことを言っていた。最期の時まで、生きることをとことん楽しんでやろう。言葉からはそんな覚悟のようなものが感じられる。

9月には一旦《いったん》退院して自宅に戻った。もはや歩くことができず車椅子の生活になってしまったが、東京都人事委員会の会議にも出席した。最後の瞬間まで生きることを楽しみつづける。また、自分のできること、やれることがあれば、最後までそれをやりつづける。生きている限り、彼女が立ち止まることはない。

薬で痛みを緩和してもらいながら、なじみの店で外食をして、会議や会合に出席しつづけた。しかし、12月になるといよいよ動けなくなり、再び国立病院医療センターに入院するのだが、病院のベッドに臥しながらも、嘉子は自分が委員として参加している審議の報告を聞いて意見を伝えていた。

3月に入った頃から、食事が喉《のど》に通らなくなる。家族に食べ物をリクエストすることもなくなった。激痛が体中に広がり、高熱にうかされて、意識を保つことが難しくなってきた。4月末頃には酸素マスクを装着するようになり、見舞いに訪れた友人や家族が話しかけても反応が少なくなってきた。

そして、昭和59年（1984）5月28日に、「危篤」の報をうけて家族が病室に駆けつける。

「人工呼吸器を止めてもよろしいですか？」

医師が言う。息子の芳武がそれを了承してまもなく、嘉子は息を引き取った。

「夢中で走りつづけた人生に、何の悔いもありませんが……」

彼女が友人に宛てた最後の手紙に綴《つづ》られていた一文。その言葉の通り、最後の瞬間まで走りつづけた人生だった。

【参考文献】

『華やぐ女たち　女性法曹のあけぼの』（佐賀千恵美　著／金壽堂出版）
『暮らしの中の法律』（有泉亨、三淵嘉子、渡辺道子　著／読売新聞社）
『追想のひと三淵嘉子』（三淵嘉子さん追想文集刊行会　編）
『女性法律家』（三淵嘉子ほか　著／有斐閣）
『明治大学短期大学五十年史』（明治大学短期大学）
『明治大学専門部女子部・短期大学と女子高等教育　1929‐2006』（明治大学短期大学史編集委員会　編／明治大学短期大学・ドメス出版）
『東京女子高等師範学校六十年史』（東京女子高等師範学校　編）
『日本女性法律家協会70周年のあゆみ～誕生から現在、そして未来へ』（日本女性法律家協会　著／司法協会）
『女性と戦後司法』（中村久瑠美　著／論創社）
『家庭裁判所物語』（清永聡　著／日本評論社）
『近代日本の司法省と裁判官』（三阪佳弘　著／大阪大学出版会）
『南十字星―シンガポール日本人社会の歩み』（シンガポール日本人会）
『世間と人間』（三淵忠彦　著／鉄筆）

『東京路上細見1』（林順信　著／平凡社）
『東京路上細見2』（林順信　著／平凡社）

〈雑誌、DVDなど〉

「法学セミナー」24巻5号
「三淵嘉子：法曹界の扉を開く」（大阪府男女共同参画推進財団）

〈その他〉

火災保険特殊地図
麻布区／港区立三田図書館、都立中央図書館
渋谷区／渋谷区立中央図書館、都立中央図書館
神田区／都立中央図書館
『東京紳士録　昭和9年度版』
『日本紳士録　昭和13年』

本書は書き下ろしです。

三淵《みぶち》嘉子《よしこ》

日本法曹界《にほんほうそうかい》に女性活躍《じょせいかつやく》の道《みち》を拓《ひら》いた「トラママ」

青山《あおやま》誠《まこと》

令和6年 3月25日　初版発行
令和6年 7月20日　5版発行

発行者●山下直久

発行●株式会社KADOKAWA
〒102-8177　東京都千代田区富士見2-13-3
電話　0570-002-301（ナビダイヤル）

角川文庫 24091

印刷所●株式会社暁印刷
製本所●本間製本株式会社

表紙画●和田三造

●お問い合わせ
https://www.kadokawa.co.jp/（「お問い合わせ」へお進みください）
※内容によっては、お答えできない場合があります。
※サポートは日本国内のみとさせていただきます。
※Japanese text only

ISBN 978-4-04-606838-5　C0195

◇◇◇

角川文庫発刊に際して

角　川　源　義

第二次世界大戦の敗北は、軍事力の敗北であった以上に、私たちの若い文化力の敗退であった。私たちの文化が戦争に対して如何に無力であり、単なるあだ花に過ぎなかったかを、私たちは身を以て体験し痛感した。西洋近代文化の摂取にとって、明治以後八十年の歳月は決して短かすぎたとは言えない。にもかかわらず、近代文化の伝統を確立し、自由な批判と柔軟な良識に富む文化層として自らを形成することに私たちは失敗して来た。そしてこれは、各層への文化の普及滲透を任務とする出版人の責任でもあった。

一九四五年以来、私たちは再び振出しに戻り、第一歩から踏み出すことを余儀なくされた。これは大きな不幸ではあるが、反面、これまでの混沌・未熟・歪曲の中にあった我が国の文化に秩序と確たる基礎を齎らすためには絶好の機会でもある。角川書店は、このような祖国の文化的危機にあたり、微力をも顧みず再建の礎石たるべき抱負と決意とをもって出発したが、ここに創立以来の念願を果すべく角川文庫を発刊する。これまで刊行されたあらゆる全集叢書文庫類の長所と短所とを検討し、古今東西の不朽の典籍を、良心的編集のもとに、廉価に、そして書架にふさわしい美本として、多くのひとびとに提供しようとする。しかし私たちは徒らに百科全書的な知識のジレッタントを作ることを目的とせず、あくまで祖国の文化に秩序と再建への道を示し、この文庫を角川書店の栄ある事業として、今後永久に継続発展せしめ、学芸と教養との殿堂として大成せんことを期したい。多くの読書子の愛情ある忠言と支持とによって、この希望と抱負とを完遂せしめられんことを願う。

一九四九年五月三日